Horacio Quiroga
Urwaldgeschichten

Der verbrannte
Koffer

Eva Züchner

Der verbrannte Koffer

Eine jüdische Familie in Berlin

 Berlin Verlag

© 2012 Bloomsbury Verlag GmbH, Berlin
Alle Rechte vorbehalten
Umschlaggestaltung: Nina Rothfos & Patrick Gabler, Hamburg
Typografie: Birgit Thiel, Berlin
Gesetzt aus Stempel Garamond von Greiner & Reichel, Köln
Druck und Bindung: CPI – Clausen & Bosse, Leck
Printed in Germany
ISBN 978-3-8270-1050-6

www.bloomsbury-verlag.de

BLOOMSBURY
LONDON · BERLIN · NEW YORK · SYDNEY

INHALT

PROLOG

Die Geschichte beginnt im September 1938 mit einem
Mord, der Schlagzeilen macht. Das Mordopfer ist ein blon-
des Mannequin namens Tilly A., der Tatort liegt im mon-
dänen Berliner Westen am oberen Kurfürstendamm. Die
Kriminalpolizei vernimmt in fünf Tagen dreißig Zeugen
und Verdächtige. Alle Befragten heben Tillys Schönheit
hervor, ihre elegante Kleidung, ihren kostbaren Schmuck.
Ein charmantes Glamourgirl soll sie gewesen sein, immer
dort zu finden, wo etwas los ist: auf der Sommerolympia-
de, auf dem Filmball, in den Kinos, Cafés und Tanzbars
rund um den Kurfürstendamm. Ein Friseur und eine beste
Freundin sind der Kripo behilflich, Tillys Liebhaber zu
identifizieren – darunter zwei Attachés der lettischen Gesandtschaft und ein adliger Fliegeroffizier, ein Fabrikant
und ein Hauptmann der Schutzpolizei, ein Sportlehrer
oder Autoverkäufer oder Gigolo aus der Schweiz. Am
sechsten Tag wird das Verbrechen aufgeklärt. Der Mörder,
ein kleiner Angestellter der Likörfabrik Mampe, ist der
jüngste und attraktivste Liebhaber des Mannequins gewesen. Nachdem er Tilly in der Nacht zum 17. September
erwürgt hat, setzt er ihr Schlafzimmer in Brand und flüchtet mit Schmuck und Pelzen. Er ersticht sich, Minuten vor
seiner Verhaftung, in Mampes Herrentoilette mit einem
Kampfmesser.

Diese Mordakte, die ich im Landesarchiv Berlin gefunden habe, wäre, so dachte ich anfangs, der ideale Stoff für einen spannenden Berlin-Krimi mit Dreißiger-Jahre-Touch. Die Tatsache, dass einer der verdächtigen Liebhaber Jude gewesen ist, hätte auf den düsteren Hintergrund des schillernden Zeitkolorits verwiesen. Dieser Verdächtige aber, ein unauffälliger Mann mit unauffälligem Namen und unauffälligem Beruf, hat meinen Blickwinkel radikal verändert – mit dem Ergebnis, dass der Mordfall an den Anfang einer ganz anderen Geschichte gerückt ist. Deren Erforschung glich dem Öffnen einer Falltür. Nach und nach wurde sichtbar, wie sich in einem einzelnen Leben und seinem allernächsten Umfeld die Maßnahmen zur Aushöhlung und Zerschlagung menschlicher Existenzen wie in einem Brennglas gebündelt haben. Nun zeigten sich auch in der Mordakte selbst reale und zeichenhafte Verweise auf das Zeitgeschehen hinter der grellen Kriminal-story.

Tilly A. hört am 16. September 1938, dem Abend vor ihrem gewaltsamen Tod, in ihrem Volksempfänger die 22-Uhr-Nachrichten des Reichssenders Berlin. Hauptthemen sind »der tschechische Terror« gegen Sudetendeutsche und Slowaken, die sudetendeutschen Flüchtlingsströme ins Reich, die Erklärung von Premierminister Chamberlain über sein freundschaftliches Treffen mit Hitler auf dem Obersalzberg. Es ist das Vorspiel zum Münchener Abkommen, das zwei Wochen später die Brücke zu Hitlers Angriffs- und Vernichtungspolitik bauen wird.

Obduktionsfotos zeigen die durch den Brand bis zur Unkenntlichkeit entstellte Leiche des erwürgten Mannequins. Allein die sorgfältig gefeilten und lackierten Fingernägel erinnern noch an die schöne Tilly A. Ihre Haut ist schwarz verkohlt, die gebleckten Zähne im aufgerissenen Mund und die zu Krallen verformten Hände sind die eines rasenden Tiers im Todeskampf.

Ein sechseitiges Gutachten von Kriminalkommissar Theo Saevecke belegt mit hoher Detailgenauigkeit und Sachkompetenz, dass der Brand im Schlafzimmer von Tilly A. vorsätzlich gelegt worden ist. Mit siebenundzwanzig Jahren ist Saevecke in der Mordkommission bereits zum Leiter des Brand- und Katastrophendezernats aufgestiegen. Seine eigentliche Karriere beginnt ein Jahr später mit dem Überfall auf Polen, wo er einem der Exekutionskommandos angehört. In Libyen und Tunesien wird er die Einsätze jüdischer Zwangsarbeiter organisieren, als Gestapo-Chef in Mailand die Erschießung italienischer Zivilisten und die Deportation von über siebenhundert Juden in die Vernichtungslager befehlen.

Vor dem Brand hat unter dem Bett von Tilly A. ein Koffer gestanden. Saevecke schreibt in seinem Gutachten: »Der Koffer wurde zwischen dem Brandschutt auf der Straße gefunden. Unversehrt war nur der Boden mit den Scharnieren. Der Inhalt des Koffers ist unbekannt.«

Mit diesen drei Sätzen hat der Gutachter und angehende Kriegsverbrecher nichtsahnend ein Menetekel skizziert, aus dem sich der Titel des Buches herleitet, denn *Der verbrannte Koffer* steht als Chiffre für eine unheilvolle Assoziationskette. Die kaum zu identifizierenden Überreste von Tillys Koffer und dessen unbekannter Inhalt gleichen dem Urzustand der Geschichte, die hier erzählt werden soll. Um sie zu rekonstruieren, galt es, versprengte und oft bis zur Unkenntlichkeit zersplitterte Fundstücke

in den Archiven auszugraben, zu deuten und neu zu-
sammenzusetzen. Als unsichtbares Emblem begleitet der
verbrannte Koffer eine Handvoll Menschen in einen un-
gesicherten Alltag, auf ihren Wegen ins Exil, in den Untergrund, in Gefängniszellen, in die Konzentrations- und
Vernichtungslager. So umschreibt der Titel dieser deutschen Geschichte den Versuch, das Faktenskelett noch
erhaltener Dokumente zu einer Erzählung zu verdichten,
deren Grundmotiv die allmähliche bis rasende Zerstörung
menschlichen Lebens ist.

ERSTES KAPITEL
Der Verdächtige

Am 20. September 1938 wird Walter Caro verhaftet. In der Nacht vom 16. auf den 17. September soll er seine Geliebte, das Mannequin Mathilde Albrecht, genannt Tilly, ermordet haben. Erwürgt habe er sie und anschließend ihr Schlafzimmer in Brand gesetzt, um das Verbrechen wie einen Unfall aussehen zu lassen. Die Aussage von Tillys Friseur ist ihm zum Verhängnis geworden. Caro sei sehr eifersüchtig gewesen, geradezu brutal und durchaus imstande, Tilly ein Leid anzutun, ja, sie zu erwürgen. Vor Caro habe sie wirklich Angst gehabt. Caro sei Jude, und er, der Friseur, glaube nicht an einen Unglücksfall. Eigentlich sei Caro schon seit 1933 nicht mehr ihr fester Freund gewesen. Vielleicht aber doch. Vor einem halben Jahr, Anfang März, habe sich Tilly auf dem Weg zum Filmball noch frisieren lassen. Da ihr Abendkleid im Rücken tief ausgeschnitten gewesen sei, habe er, der Friseur, auf ihrem rechten Schulterblatt einen blauen Fleck entdeckt und ihn weggepudert. Den habe ihr ein Mann beigebracht, so Tilly damals, auf den sie sehr wütend sei. Nein, einen Namen habe sie nicht genannt. Er habe sowieso des Öfteren blaue Flecken an Tillys Armen und Schultern bemerkt.

Der Verdacht gegen Caro erhärtet sich dramatisch durch die Aussage von Tillys Freundin. Mit dem Juden sei Tilly, trotz ihrer zahlreichen Liebhaber, besonders eng verbunden gewesen. Sie habe ihn sogar heiraten wollen, aber die Nürnberger Gesetze hätten ihr das unmöglich gemacht. Daher habe sie Englisch gelernt, um mit ihm nach England überzusiedeln. Also wird Walter Caro unter dem doppelten Verdacht, ein Mörder und ein Rassenschänder zu sein, in Untersuchungshaft genommen.

Das Vernehmungsprotokoll der »Mordkommission Albrecht« vom 20. September hält fest, dass Walter Caro, geboren am 23. Mai 1899 in Berlin und mosaischen Glaubens, tatsächlich einen gültigen Auslandspass für England besitzt. Der Neununddreißigjährige ist stellvertretender Geschäftsführer in der Fabrikations- und Exportfirma für Damenkonfektion Siegfried Heumann. Der Untersuchungshäftling sagt aus, dass er Frau A. vor zehn Jahren kennengelernt habe, als sie als Vorführdame in der Firma Heumann angestellt worden sei. Einige Jahre lang, aber nur bis 1933, habe er sie, damals noch als Vertreter, auf mehrwöchigen beruflichen Reisetouren begleitet. Niemals habe er zur A. ein Liebesverhältnis unterhalten. Zuletzt getroffen habe er die A. zwei Tage vor ihrem Tod im Café Zuntz in der Leipziger Straße, um ihre nächste Reise nach Ostpreußen und Schlesien zu besprechen. Diese Reise sollte die A. zusammen mit seinem Bruder Werner unternehmen, der seit drei Jahren als Vertreter ebenfalls bei Heumann arbeite. In etwa zehn Städten sollten die beiden die neuesten Modelle vorführen und Kommissionsverträge mit den Modehäusern abschließen. Am Vormittag des 16. September habe die A. ihn im Büro angerufen, um letzte Details dieser mehrwöchigen Reise zu klären. Seit diesem Freitag habe er nichts mehr von ihr gehört. Am Abend sei er um 20 Uhr nach Geschäftsschluss mit einem Taxi nach Hause gefahren. Er habe sich nicht wohlgefühlt

Tilly Albrecht, um 1936

und deshalb ein heißes Bad genommen und sich ins Bett gelegt. Zeugen dafür seien seine Mutter, sein Bruder Werner und zwei Besucher, Salomon Bernstein und dessen Frau Erna. Nein, er habe das Haus bis zum nächsten Morgen nicht mehr verlassen. Am Sonnabend sei er von 9 bis 14 Uhr im Büro gewesen und habe dort in der Zeitung gelesen, dass die A. in der Nacht zuvor ums Leben gekommen sei. Zu Hause habe er sich wieder ins Bett gelegt und den Arzt Abramsohn zu sich gebeten. »Auf Befragen« teilt der Verdächtige mit, dass er vor etwa sieben Jahren, er könne sich nur vage erinnern, ab und zu nach Geschäftsschluss bei der A. zu Hause gewesen sei, aber immer nur beruflich wegen der gemeinsamen Reisetätigkeit.

Walter Caro stammt aus einer alteingesessenen Berliner Kaufmannsfamilie, die seit Jahrzehnten in der Schönhauser

Allee 62 im Bezirk Prenzlauer Berg wohnt – Vater Julius, Taxator und Auktionator bei der Berliner Polizei, seine Frau Else und die drei Söhne Kurt, Walter und Werner. Alle fünf gehören der Jüdischen Gemeinde an. Der Vater ist schon 1915 gestorben; seine Familie hat ihn auf dem Jüdischen Friedhof Weißensee beerdigt. Da war Mutter Else fünfzig, Kurt zwanzig, Walter sechzehn und Werner dreizehn Jahre alt. 1926 heiratet Kurt und zieht mit seiner jungen Frau Frida in eine eigene Wohnung. Frida ist keine Jüdin, und vielleicht hat es Mutter Else nicht gern gesehen, dass ihr Ältester eine »Schickse« heiratet. Walters Tilly mochte sie jedenfalls gar nicht. »Sie war böse zu mir«, hat Tilly ihrer Freundin erzählt. Auch Kurts politische Aktivitäten mögen der Mutter nicht geheuer gewesen sein. Ende 1931 tritt er der Eisernen Front bei, einem Zusammenschluss der SPD, des Reichsbanners und der Gewerkschaften, gedacht als Gegengewicht zur rechtsradikalen Harzburger Front. Kurts Mitgliedschaft währt nicht lange, denn Anfang Mai 1933 wird die Eiserne Front verboten.

Seitdem im September 1935 auf dem »Reichsparteitag der Freiheit« in Nürnberg die »Judengesetzgebung« beschlossen wurde, gelten die Caros als »Volljuden«, denn sie alle, auch die Mutter und der tote Vater, haben je vier jüdische Großeltern. Ab sofort gehören sie qua Gesetz einer als minderwertig deklarierten »jüdischen Rasse« an, sind keine gleichberechtigten deutschen Reichsbürger mehr, sondern Staatsangehörige zweiter Klasse, ohne Stimmrecht. Die Heirat und jeder sexuelle Verkehr mit »Deutschblütigen« ist ihnen unter Strafe verboten. Die dumpfe Animosität überzeugter Volksgenossen gegen die jüdischen »Blutsauger« hat nun ganz offiziell den Rückhalt »von oben«. Und der ihnen biologistisch attestierte »Blutadel« legitimiert den verächtlichen Blick »nach unten«. Über den »Nürnberger Gesetzen« flattert die Hakenkreuzfahne, die auf demselben Parteitag zur alleinigen Reichs- und Nationalflagge erklärt worden ist.

Am bisherigen Alltag der Caros ändert sich scheinbar erst einmal nichts. Alle drei Brüder verdienen ihr Geld in der Textilbranche, und keiner verliert seinen Arbeitsplatz. Walter hat es am weitesten gebracht. Während Kurt und Werner 1938 immer noch für ein Monatsgehalt von 750 Reichsmark plus Provision als Reisevertreter arbeiten, hat er sich bei der Firma Heumann in zehn Jahren zum Einzelprokuristen hochgearbeitet und ist – noch – ein mächtiger Mann mit einem hohen Maß an Verantwortung für das Wohl der Firma und der über hundert Mitarbeiter. Walter verdient beachtliche 1500 Reichsmark im Monat und trägt, laut Mordakte, teure Maßanzüge. Er und Werner sind nicht verheiratet und leben in der mütterlichen Wohnung.

Leiter der »Mordkommission Albrecht« ist Kriminalkommissar Werner Togotzes. Während er und ein zweiter Kommissar Walter Caro in die Zange nehmen, schwärmen einige Kriminaloberassistenten aus, um dessen Aussagen zu überprüfen. Zwei von ihnen durchsuchen unangekündigt wegen »Gefahr im Verzuge« die Wohnung in der Schönhauser Allee und versetzen die Anwesenden in Angst und Schrecken. Es sind dies Else Caro, inzwischen dreiundsiebzig Jahre alt, und das Hausmädchen Ruth Reinstein. Man stelle sich Elses Entsetzen vor, als ihr die beiden Polizisten mitteilen, ihr Sohn sei wegen Mordes in Haft. Die Beamten finden nichts Belastendes, ziehen unverrichteter Dinge ab und hinterlassen vermutlich eine Spur der Verwüstung.

Ein weiterer Kriminaloberassistent begibt sich zur Firma Heumann ins Hausvogteiviertel, zur Adresse Jerusalemer Straße 29. Leider ist der Firmeninhaber, Siegfried Heumann, nicht anwesend, so dass der Beamte mit der Buchhalterin vorlieb nehmen muss, die aber schon seit dreiundzwanzig Jahren dort arbeitet und einen »äußerst vertrauenerweckenden Eindruck« macht. Sie bestätigt, dass Walter Caro am Sonnabend, dem 17. September, in der Firma gewesen sei. Er habe sie in sein Büro gerufen und ihr den Zeitungsartikel über den Tod der A. vorgelesen. Er und sein ebenfalls anwesender Bruder Werner hätten »einen äusserst deprimierten Eindruck gemacht und gleichzeitig den Tod der A. sehr bedauert«. Ja, Herr Caro habe sich schon am Freitag »unpässlich« gefühlt und sei am Abend mit dem Taxi nach Hause gefahren. Von einem eventuellen Verhältnis zwischen der A. und Walter Caro habe sie ebenso wie die anderen Angestellten nie etwas bemerkt. Der Kriminaloberassistent wird Zeuge eines Anrufs von Werner Caro aus Königsberg, der am Tag zuvor mit einer anderen Vorführdame die Reise nach Ostpreußen angetreten hat. Er habe schon mehrmals angerufen und wolle absolut nicht verstehen, dass sein Bruder »in der Zwischenzeit vorläufig festgenommen« sei. Werner Caro werde seine Reise abbrechen und am nächsten Tag nach Berlin zurückkehren. Der Beamte weist ihn an, »sich umgehend bei der Mordkommission zu melden«.

Die Vernehmung Werner Caros am 21. September durch Kommissar Togotzes wirkt sich für seinen Bruder verheerend aus. Walter habe im Juli 1935, vielleicht aber auch erst im Winter 1935/36, die letzten beiden Reisetouren mit der A. durchgeführt. Und: »Es war mir bekannt, dass mein Bruder der A. sehr zugetan war.« Was hat Werner zu dieser Aussage getrieben, die seinen Bruder zusätzlich belastet? Er kennt doch, wie jeder andere auch, die »Nürnberger Gesetze«, er weiß, dass »Rassenschande« seit Januar 1936 mit Gefängnis oder Zuchthaus bestraft wird. Aber Werner steht unter Schock. Sein eigener Bruder ein Mörder? Diese Vorstellung muss für ihn wohl so unfassbar sein, dass die »Rassenschande« dahinter verblasst. Er ist direkt vom Bahnhof zum Polizeipräsidium am Alexanderplatz gehetzt und sitzt nun in der Mordkommission wie gelähmt Togotzes gegenüber, der ihn durch sein Monokel anblitzt. Werners Verstand steht still.

Daraufhin muss Walter Caro zum zweiten Mal zum Verhör und gibt »auf Vorhalt« an: Er habe gestern »in Gegenwart einer Dame«, der Stenotypistin, nicht »über geschlechtliche Dinge« sprechen wollen. Er habe von Ende 1931 bis Anfang 1932 eine kurze intime Beziehung zur A. gehabt. Allerdings sei es in dieser Zeit nicht »zu regelrechtem Geschlechtsverkehr gekommen, da ich infolge einer Operation an den Hoden, die im Jahre 1910 stattgefunden hat, wenig potent bin«. Die A. habe ihn daher »auf anormale Weise« befriedigt. Da sie sich aber während ihres Verhältnisses auch »mit anderen Männern eingelassen hat, kam eine Heirat für mich nicht in Frage«. Seit 1932 habe er ihre Wohnung nicht mehr betreten. Die Hodenoperation des damals Elfjährigen im Jüdischen Krankenhaus ist verbürgt. Die Folgen können, müssen aber nicht Erektionsstörungen oder Impotenz sein.

Ob nun erfunden oder nicht: Das demütigende Geständnis kann, was der Häftling vermutlich gar nicht weiß, die »Rassenschande« nicht ungeschehen machen. Das »Gesetz zum Schutze des deutschen Blutes und der deutschen Ehre« vom September 1935 verbietet zwar nur die Heirat und den außerehelichen Verkehr »zwischen Juden und Staatsangehörigen deutschen oder artverwandten Blutes«. Seit Ende 1936 aber weitet ein Grundsatzurteil des Reichsgerichts den »außerehelichen Verkehr« auf nicht näher definierte »beischlafähnliche« Handlungen aus. Denn, so die juristische Logik, bei Zeugungsunfähigkeit sei zwar der »Schutz des deutschen Blutes« gewährleistet, nicht aber der »Schutz der deutschen Ehre«. Ob mit dem Begriff »auf Vorhalt« außer verbaler Einschüchterung auch körperliche Gewalt einhergeht, bleibt offen. Vor einem Jahr haben Innen- und Justizministerium einvernehmlich die Folter, die sogenannte Verschärfte Vernehmung, legalisiert. Nicht jeder Kriminalbeamte hat sich daran gehalten, dass bis 1942 nur Hoch- und Landesverräter gefoltert werden dürfen. Wie auch immer, »auf Vorhalt« von Togotzes bricht sein Häftling zusammen. Es ist die tiefste Erniedrigung, die Walter Caro in seinem bisherigen Leben erfahren hat.

Währenddessen wird Mutter Else erneut von einem Kriminaloberassistenten in ihrer Wohnung vernommen. Sie sagt aus, dass Walter und Werner am Freitagabend zu Hause gewesen und Salomon und Erna Bernstein zu Besuch da gewesen seien. Sie ist klug genug, den Beamten nicht auf den Schabbat hinzuweisen, der am Freitagabend mit Sonnenuntergang beginnt und am Sonnabend nach

Einbruch der Nacht endet. Sie erwähnt lediglich, dass »des Freitags jeder Woche Familienabend« sei und sich daher »die Kinder immer zu Hause« aufhielten. Dass die Bernsteins am Schabbat-Abend dabei waren, deutet auf eine enge Freundschaft. Vielleicht hat Salomon Bernstein, genannt Sally, jetzt zweiundfünfzig Jahre alt, noch Vater Julius gekannt. Bernstein ist Täschner von Beruf, seine Frau Erna arbeitet als Verkäuferin. Trotz Schabbat ist Walter am Sonnabend ins Büro gefahren. Die Söhne gehen mit den religiösen Geboten lockerer um als ihre Mutter, zumal sich zwei von ihnen in nichtjüdische Frauen verliebt haben.

Else Caro bestätigt auf Nachfrage, dass am Sonnabendnachmittag der Arzt gekommen sei. Noch darf der sechzigjährige Dr. med. Hermann Hillel Abramsohn seinem Beruf nachgehen, aber seit Anfang Juli bedroht ihn die »Vierte Verordnung zum Reichsbürgergesetz« mit der Entziehung der Approbation, die nun jeden Tag erfolgen kann. Ruth Reinstein, die Hausangestellte, gibt zu Protokoll, dass sie seit einem Jahr für die Familie arbeite, täglich zwölf Stunden, von 7 bis 19 Uhr. Am Freitag, dem 16. September, sei sie um 19 Uhr gegangen, nachdem sie das »Badewasser für die jungen Leute« vorbereitet habe. Die seien aber noch nicht zu Hause gewesen. Die »jungen Leute« sind übrigens gut doppelt so alt wie das siebzehnjährige Hausmädchen. Es fragt sich auch, wie viele Haushalte die 1934 gesetzlich festgelegte Arbeitszeit von zehn Stunden täglich, die mit Verordnung vom April 1938 auf acht Stunden verkürzt worden ist, überhaupt ernst nehmen, wenn es um ihr Dienstpersonal geht.

Praktischerweise kann der Beamte auch gleich den ältesten Bruder Kurt vernehmen, der zu diesem Zeitpunkt ebenfalls bei der Mutter »aufhältlich« ist. Kurt bezeugt den Arztbesuch bei Walter. Sally Bernstein, der um die Ecke in der Lychener Straße wohnt, gibt an, dass er und seine Frau am Freitag bis etwa 23.15 Uhr bei der Familie Caro gewesen seien. Weder Walter noch Werner hätten bis dahin die Wohnung verlassen, sondern schon in ihren Betten gelegen.

Tillys Freundin, deren Aussage massiv zu Walter Caros Verhaftung beigetragen hat, rettet ihn nun. Am 21. September fällt ihr »Erwin« ein, »der bei Mampe beschäftigt ist«. Tilly habe ihr erzählt, Erwin sei jung, und über seinem Bett hänge ein Foto von ihr. Nachdem die Kripo zwei unschuldige Mampe-Mitarbeiter, die das Pech haben, Erwin zu heißen, aufgestört hat, identifizieren die Beamten schließlich einen dritten Erwin als Tillys Mörder. In seiner Wohnung findet die Kripo Tillys Schlüsselbund, ihren Schmuck, ihre Pelze und einen falschen Bart. Doch durch einen Anruf des Kriminaloberassistenten beim Geschäftsführer der Likörfabrik Mampe erfährt der Täter von seiner drohenden Verhaftung, flüchtet in eine der Herrentoiletten und stößt sich ein dolchartiges Messer ins Herz. Als der Polizist am Nachmittag des 22. September vor der blutverschmierten Toilettenkabine eintrifft, atmet Erwin noch, ist aber nicht mehr bei Bewusstsein. Wenig später stirbt der Einundzwanzigjährige im Staatskrankenhaus der Polizei.

Nun müsste Walter Caro wegen erwiesener Unschuld freigelassen werden. In seinem Schlussbericht schreibt Kommissar Togotzes jedoch, Walter Caro sei am 23. September »von der Mordkommission entlassen und dem

Dezernat M II 8 wegen Verdachts der Rassenschande zugeführt« worden. »Ein besonderer Vorgang ist diesbezüglich in Bearbeitung«. Es hätte nicht viel gefehlt, und Walter Caro wäre wegen Mordes verurteilt und mit dem Fallbeil hingerichtet worden. Nun hat er immer noch eine Gefängnis- oder Zuchthausstrafe zu befürchten. Für die Verfolgung von »Rassenschande«-Delikten hat die Kriminalpolizei reichsweit eigene Dezernate eingerichtet. Wie lange Walter Caro im Dezernat M II 8 festgehalten wird, ist nicht bekannt, aber den Straftatbestand hat man ihm nicht nachweisen können.

Werner Togotzes, wie Walter Caro Jahrgang 1899, ist ein bekannter Mann in Berlin. Seit elf Jahren Kriminalkommissar, gehört er seit 1933 zur Berliner Mordkommission, und die Aufklärungsquote der von ihm untersuchten Kapitalverbrechen ist hoch. Die Leute auf der Straße verrenken sich die Hälse, wenn er mit dem berühmten »Mordauto« zu einem Tatort fährt. Das auffällige Gefährt hat Platz für eine Sekretärin samt Stenoblock und Schreibmaschine und für allerlei kriminaltechnisches Gerät. Im Januar 1938 ist Togotzes als Staffelmann in die SS aufgenommen worden, und dieser Schritt bringt seine Karriere in Schwung. Eine Woche vor dem Mord an Tilly Albrecht bewirbt er sich um seine Beförderung zum SS-Untersturmführer. Der Führer der SD-Dienststelle KPL Berlin – also der SS-Formation Sicherheitsdienst der Kriminalpolizeileitstelle – beurteilt die Bewerbung positiv und hebt das »rassische Gesamtbild« des Staffelmanns hervor: »schlank, große Figur, nordischer Typ mit dinarischem Einschlag«. Bescheinigt werden ihm eine reife, ausgeglichene Persön-

Werner Togotzes im »Mordauto«, 1938

lichkeit, Willenskraft, geistige Frische und gesunder Mutterwitz. Er lebe in geordneten familiären und finanziellen Verhältnissen. Togotzes sei überzeugter Nationalsozialist und habe sich in seinem Beruf mehrfach ausgezeichnet. Etwas gedämpfter wird der Kettenraucher als »brauchbarer Sportler« eingestuft.

Am 20. September komplettiert Togotzes seinen Antrag mit einem handgeschriebenen Lebenslauf, obwohl der Tag mit dem Verhör Walter Caros, einer nochmaligen Tatortbesichtigung und der abendlichen Vernehmung eines lettischen Attachés schon recht ausgefüllt ist. Die Bewerbung wird an höchster Stelle geprüft. Der promovierte Jurist und SS-Oberführer Werner Best, Chef des Amtes Verwaltung und Recht im Hauptamt Sicherheitspolizei, befürwortet den Beförderungsvorschlag und leitet ihn an den Chef des Hauptamtes, SS-Gruppenführer Reinhard

Heydrich, weiter. Am 26. Oktober genehmigt Heydrich die Beförderung zum Untersturmführer. Schon sechs Tage später erhält der Kriminalkommissar seine Beförderung zum Kriminalrat. Die im Runderlass des Reichsführers-SS und Chefs der Deutschen Polizei Heinrich Himmler vom 23. Juni 1938 festgelegte »Dienstgradangleichung« zum SS-Hauptsturmführer dauert allerdings länger. Erst im April 1939 wird sie mit Heydrichs Placet aktenkundig. Seit der vor zwei Jahren erfolgten reichsweiten Neuordnung und Zentralisierung der Polizei ist die Verschmelzung der Kriminalpolizei mit der SS energisch erwünscht, aber nicht zwingend. Der Reichsführer-SS legt Wert darauf, dass sich die Beamten freiwillig zu seiner Elitetruppe melden. Der Zentralisierung zufolge haben nicht nur die Länder, sondern auch die einzelnen Polizeiorgane ihre Autonomie verloren. Kriminalpolizei (Kripo) und Geheime Staatspolizei (Gestapo) sind nun in dem von Heydrich geleiteten Hauptamt Sicherheitspolizei (Sipo) zusammengefasst. Kripobeamte, die sich erfolgreich für die SS beworben haben, werden personell dem SD, dem ebenfalls von Heydrich geleiteten Sicherheitsdienst, zugeordnet. Kriminalrat und Hauptsturmführer Togotzes untersteht dort SS-Oberführer Erich Naumann im SD-Oberabschnitt Ost, Sitz Berlin.

Walter Caro und Werner Togotzes werden sich nie wieder begegnen. Der Mordfall ist gelöst, und der Kommissar kann frohen Mutes in die Zukunft blicken, auch wenn sich sein Monatsgehalt im Vergleich zu dem des entlassenen Häftlings geradezu kümmerlich ausnimmt. Walter Caro aber ist ein anderer, als er das »Dezernat für Rassen-

schande« verlässt. Vor seiner Verhaftung hat er im Schutz-
raum der Familie und der Firma vorübergehend vergessen
können, dass er seit Jahren ein Mensch zweiter Klasse
sein soll. Vor seiner Verhaftung hat ihn der gewaltsame
Tod von Tilly Albrecht, ganz gleich, wie sein Verhältnis
zu ihr in den vergangenen Monaten gewesen sein mag,
erschüttert. Die Verhöre aber, die Nächte in der Zelle, die
Angst, als Mörder oder Sittlichkeitsverbrecher verurteilt
zu werden, haben sich ebenso tief eingebrannt wie die demütigende Erfahrung, dass er seinem Inquisitor gestehen
oder vorlügen musste, er sei »wenig potent«.

ZWEITES KAPITEL
Die Vertriebenen

Falls Walter Caro vorhatte, mit oder ohne Tilly Albrecht nach England zu emigrieren – ab dem 5. Oktober 1938 ist es zu spät für eine unauffällige Ausreise. An diesem Tag werden die Reisepässe von Juden für ungültig erklärt und müssen binnen zwei Wochen abgegeben werden. Sie erhalten ihre Gültigkeit erst zurück, wenn sie von den Passbehörden mit einem großen roten »J« abgestempelt worden sind. Walter Caros Chef, der Firmeninhaber Siegfried Heumann, ist so klug gewesen, bereits im September eine Geschäftsreise nach Amsterdam mit seinem noch ungestempelten Pass anzutreten, eine Reise, von der er nicht zurückzukehren gedenkt. Darum trifft ihn der Kriminalbeamte am 20. September nicht an und muss statt seiner die Buchhalterin vernehmen. Walter Caro wird seinen Chef, für den er zehn Jahre lang gearbeitet hat, nie wiedersehen.

Holland ist Siegfried Heumann nicht fremd. Sein Bruder Albert hat Deutschland schon 1934 verlassen, um dank der damals noch gestatteten Devisenausfuhr im Wert von 15 000 Reichsmark in Amsterdam eine Filiale der Firma aufzubauen. Auch seine Schwiegereltern leben dort. Anfang Oktober erklärt Siegfried Heumann per Brief seinen langjährigen Bücherrevisor Karl Jaquet in Berlin zum Treuhänder, der ihn in Sachen polizeiliche Abmeldung, Reichsfluchtsteuer und Abwicklung der Firma vertreten soll. Bis zu seiner Ausreise sind der Firma für alle im Ausland getätigten Verkäufe durch die Deutsche Golddiskontobank (Dego) Ausgleichsvergütungen gezahlt worden. Kaum ist die Ausreise amtlich, muss die Firma einen Verlust von 30 000 Reichsmark verschmerzen, weil das Wirtschaftsministerium prompt die Zahlungen der Ausgleichsvergütungen stoppt. Da Heumanns bisherige Privatwohnung in der Jenaer Straße 2 in Berlin-Wilmersdorf liegt, wird er vom Finanzamt Wilmersdorf-Nord steuerlich veranlagt. Nach Rücksprache mit Treuhänder Jaquet setzt das Finanzamt Heumanns Vermögen auf rund 248 000 Reichsmark fest und errechnet ein Viertel davon als Reichsfluchtsteuer. Der größte Teil dieser 62 000 Reichsmark soll aus dem Verkauf der konfiszierten, im »Sperrdepot« des Bankhauses Hardy & Co. »ruhenden Effekten« getilgt werden, den Rest hofft der Treuhänder in Raten abzahlen zu können. Im allgemeinen werden Bank- und Wertpapierguthaben umstandslos gesperrt, sobald die Emigranten nach Verlassen des Deutschen Reichs devisenrechtlich zu Ausländern erklärt worden sind. Bei Siegfried Heumann verhält es sich anders. Sein Wertpapierdepot ist schon im Mai 1937, also anderthalb Jahre vor seiner Ausreise, vom Finanzamt auf Verdacht eingefroren worden. Am 9. November 1938 teilt das Bankhaus dem Finanzamt mit, es habe die Wertpapiere, mit Verlust, für rund 51 500 Reichsmark verkauft und werde den Betrag am 10. November »als Rate auf die fällig werdende Reichsfluchtsteuer« überweisen. Zwischen den beiden Daten liegt die sogenannte Reichskristallnacht.

Die Reichsfluchtsteuer ist keine nationalsozialistische Erfindung, sondern Teil der im Dezember 1931 von der

Regierung Brüning verkündeten Vierten Notverordnung, die drastische Maßnahmen zur Stabilisierung des Haushalts zum Inhalt hat. Sie ist als Reaktion auf die in den letzten Republikjahren bedrohlich angewachsene Zahl der Kapital- und Steuerflüchtlinge beschlossen worden. Um Reichsbürger von einer Auswanderung abzuschrecken, beträgt die Steuer ein Viertel des jeweiligen Vermögens. Ab 1933 konzentriert sich die Steuergesetzgebung auf die jüdische Bevölkerung, deren Emigration gleichzeitig durch sich mehrende Schikanen und »Verordnungen« erzwungen werden soll. Die Freigrenze wird von 200 000 auf 50 000 Reichsmark gesenkt, so dass sich der Kreis der Steuerpflichtigen beträchtlich erweitert und durch den Anschluss Österreichs ab März 1938 noch einmal rasant ausdehnt. Die nach Abzug der Steuer verbleibenden Vermögenswerte fallen an das Deutsche Reich. Das heißt, die »Volksschädlinge« werden enteignet, bevor sie vertrieben werden.

Als Siegfried Heumann im September 1938 Deutschland verlässt, hat er monatelange Aufregungen und Demütigungen hinter sich. Im April ist die »Verordnung über die Anmeldepflicht jüdischen Vermögens« erlassen worden, um es bei Bedarf für Belange der deutschen Wirtschaft einzusetzen. Da Heumanns Vermögen die hierfür angesetzte Freigrenze von 5000 Reichsmark bei weitem übersteigt, unterliegt es ab sofort staatlicher Kontrolle. Ab Mai häufen sich Razzien und Verhaftungen. Im Juni wird Heumanns Unternehmen aufgrund der »Dritten Verordnung zum Reichsbürgergesetz« als »jüdischer Betrieb« in ein besonderes Verzeichnis eingetragen. Diese Maßnahme soll die längst begonnene »Arisierung« der Gewerbebetriebe übersichtlicher gestalten. Die Presse vermeldet den erfolgreichen Verlauf einer Kampagne gegen »Konfektionsjuden«, die im Vorjahr von »arischen« Fabrikanten der Bekleidungsindustrie in Gang gesetzt worden ist. Im Juli erfährt Heumann, dass er bis Ende 1938 eine Kennkarte zu beantragen habe, die ihn als Jude ausweisen soll. Im August kann er in der Zeitung lesen, dass er sich in seiner neuen Kennkarte den zusätzlichen Vornamen Israel auf eigene Kosten beurkunden lassen muss.

Siegfried Heumann lässt alles zurück. Treuhänder Jaquet wird die zweifellos wertvolle Wohnungseinrichtung über ein »arisches« Auktionshaus verschleudern müssen. Als Emigrant hätte Heumann zehn, nach aufwendiger Genehmigungsprozedur bis zu fünfzig Reichsmark »in deutschem Hartgeld oder in ausländischer Währung« mitnehmen dürfen. Ihm wird es auf mehreren Geschäftsreisen gelungen sein, nach und nach Devisen nach Holland zu schmuggeln. Mit welcher Bitterkeit und Trauer wird der Flüchtling seine letzte Bahnfahrt nach Amsterdam angetreten haben. Von einem Augenblick zum anderen ist alles weg. Vor fünfundzwanzig Jahren hat Heumann in allerbester Lage seine Firma gegründet. Er denkt an die vertraute Jerusalemer Straße im Hausvogteiviertel, bis vor kurzem noch strahlendes Zentrum der jüdischen Konfektionsindustrie. Er denkt an Helena, die sich im Mai von ihm hat scheiden lassen. Der Grund ist unbekannt. Überliefert ist lediglich, dass »der Beklagte« die Schuld trägt und ihm die Kosten des Rechtsstreits auferlegt worden sind. Die Vermutung, hier habe sich eine nichtjüdische Frau von ihrem jüdischen Mann getrennt, stellt sich als falsch heraus, denn die in Maastricht geborene Helena ist die jüdische Tochter holländischer Eltern. Wenig später setzen die geschiedenen Eheleute ihre Testamente auf und erklären einander zu Alleinerben. Helena folgt ihrem früheren Mann ins Exil. Zwar hat die niederländische Regierung schon am 15. Dezember 1938 ihre Grenzen für Flüchtlinge geschlossen, aber die gebürtige Holländerin darf im Februar 1939 noch einreisen.

Der reichsweite Novemberpogrom heißt »Reichskristallnacht«. Es liegt nahe, als Quelle dieser provokanten Wortmischung von Erhabenem und Trivialem den sprichwörtlichen Berliner Witz zu vermuten und damit einen subversiven Kommentar zum ausgeübten Terror. Siegfried Heumann ist längst in Amsterdam. Trotzdem zieht ihn das Finanzamt in Abwesenheit zur Judenvermögensabgabe, kurz Juva, heran. In einer zwei Tage nach dem Pogrom erlassenen Verordnung wird über die Juden eine »Sühneleistung« in Höhe von zwanzig Prozent ihres Vermögens verhängt. Zu sühnen sei das am 7. November von Herschel Grynszpan verübte Attentat auf den deutschen Diplomaten Ernst vom Rath in Paris. Zu sühnen seien daher gleichermaßen die in der Nacht vom 9. auf den 10. November von SA-Trupps, Angehörigen der Hitlerjugend und anderen Volksgenossen als »Rache für Mord an vom Rath« verursachten Schäden. Diese Sondersteuer, die insgesamt über eine Milliarde Reichsmark einbringt, fließt in einen maroden Staatshaushalt, in den die Aufrüstung der Wehrmacht gewaltige Löcher gerissen hat. Die aus dem zusammengeschrumpften Vermögen Heumanns errechnete und von seinem Treuhänder zu zahlende Juva beträgt 30 750 Reichsmark. Der von Minister Goebbels angeregte Pogrom, die Zerstörung und Plünderung jüdischer Geschäfte, die brennenden Synagogen, die Massenverhaftungen und Morde erfüllen den erwünschten Zweck. Die Emigrationswelle schwillt an, die Wirtschaft wird »judenfrei«. Für die Juva gibt es keine Freigrenze. In welcher Höhe die Caro-Brüder mit der »Sühneleistung« besteuert werden, ist nicht überliefert.

Heumanns Fabrikations- und Exportfirma für Damenmoden hat bis einschließlich 1937 mit einem jährlichen Umsatz von einer Million Reichsmark ein stabiles wirtschaftliches Fundament gehabt. Im Jahr 1938 gehen die Umsätze dramatisch zurück. Auch die Außenstände lassen sich nicht mehr eintreiben. Der Hintergrund liegt auf der Hand: Getreu dem Motto »Kauft nicht beim Juden« springen die Kunden massenweise ab und können dank der »Entjudung« der Konfektionsbranche alle Rechnungen ungestraft in den Papierkorb werfen. Denkbar ist auch ein ergänzendes Szenario. Heumann räumt rechtzeitig vor seiner »Geschäftsreise« den holländischen Kunden langfristige Zahlungsziele ein und mahnt Außenstände nicht mehr an, um anschließend in Amsterdam einen finanziellen Sockel vorzufinden. Die Jahresbilanz der Firma per 31. Dezember weist einen Verlust von knapp 36 000 Reichsmark aus. Die Firma ist bankrott. Anfang November hat Walter Caro noch versucht, die fast fertige Frühjahrskollektion zu retten. Für den Export nach Holland schickt er eine Mustersammlung an Siegfried Heumann und eine Reisekollektion an die Firma von Albert Heumann. Außerdem schlägt er vor, aus allen noch am Lager vorhandenen Stoffen Fertigware herzustellen, um »dadurch bessere Liquidationserlöse zu erzielen«. Am 12. November erhält die »Arisierung« von Gewerbebetrieben mit der »Verordnung zur Ausschaltung der Juden aus dem Wirtschaftsleben« ihren legalen Anstrich.

Am 31. Dezember wird Walter Caros Prokura im Handelsregister gelöscht. Zwei nichtjüdische Kaufleute erwerben die Firma zu günstigsten Konditionen. Ein Kaufvertrag hat sich nicht finden lassen, aber ab Mitte Februar 1939 zeichnen Hellmut Wolf und Erich Geppert laut Handelsregister als neue Eigentümer, und das Unternehmen firmiert nun als Wolf & Geppert. Die Bilanzen erholen sich prompt. Nach der Übernahme beziffern sich die Umsätze für die ersten sechs Wochen schon auf 65 000 Reichsmark. Einige Monate lang läuft der »arische« Betrieb mit der Liquidation der jüdischen Firma parallel. Treuhänder Jaquet zieht die Abwicklung in die Länge, damit Fertigstellung und Export der Frühjahrskollektion noch abgeschlossen werden können. Erst Mitte Juni 1939 erfolgt beim Amtsgericht die endgültige Löschung mit der Begründung, dass »der Inhaber das von ihm unter dieser Firma betriebene Handelsgewerbe aufgegeben« habe. Die Deutsche Arbeitsfront (DAF), die 1933 die Stelle der zerschlagenen Gewerkschaften eingenommen hat, kommt mit den Kontrollen der »arisierten« Betriebe kaum hinterher, denn erstaunlicherweise werden Walter Caro und sein Bruder Werner erst Anfang Januar 1940 auf die Straße gesetzt, dann allerdings von einer Stunde auf die andere. Doch die Deutsche Arbeitsfront zwingt den Treuhänder rechtzeitig vor der Liquidation, an die »deutschblütigen« Angestellten eine Treueprämie in Höhe von 12 200 Reichsmark zu zahlen. Damit ist die Ausplünderung von Siegfried Heumann beendet.

Die Pogromnacht hat die Freunde der Caros, Sally und Erna Bernstein, so verängstigt, dass sie nur noch wegwollen aus Deutschland. Aber wohin? Im Juli 1938 hat die Konferenz von Evian gezeigt, dass die Fluchtwege immer enger werden. Der Appell von US-Präsident Roosevelt an die Länder der Welt, sich gemeinsam des Flüchtlingsproblems anzunehmen, verhallt ungehört. Die Einreisebestimmungen der meisten Staaten, auch die der USA, sind inzwischen so rigide, die genehmigten Quoten so niedrig, die geforderten Affidavits so zahlreich und die einzuführenden Geldbeträge so hoch, dass einem Großteil der Bewerber die Einreisevisa verweigert werden. Nur für die Einwanderung nach Shanghai sind Quote, Bürgschaften, Vermögen oder Visa nicht notwendig. Also werden die Bernsteins nach Shanghai emigrieren. Sie müssen eine Weile im Atlas suchen, bis sie diese Stadt gefunden haben, von der sie kaum wissen, wie sie geschrieben wird.

Aber wie emigriert man überhaupt? Die allgemeine Verwirrung ist so groß, dass der Hilfsverein der Juden in Deutschland im Sommer 1938 eine Publikation zu den Auswanderungsvorschriften herausgibt. Seit drei Jahren darf die Organisation nicht mehr Hilfsverein deutscher Juden heißen, denn die gibt es ja seit den »Nürnberger Gesetzen« nicht mehr. Sally und Erna quälen sich durch 112 erläuternde Seiten zu Vorschriften, Verfahren, Verboten, Kosten, Adressen und Sicherungsmaßnahmen. Vor ihnen türmt sich ein derartiger Berg von Formalitäten, dass sie keine Zeit haben, auch noch Englisch zu lernen. Um den Auslandspass beantragen zu dürfen, müssen sie der Polizeibehörde eine Unbedenklichkeitserklärung nicht nur des Finanzamts, sondern auch der städtischen Steuerbehörde vorlegen und, falls sie nicht inzwischen arbeitslos sind, die Zustimmung ihres Arbeitsamtes. Dann müssen sie bei der Devisenstelle einen Transferantrag stellen, aber erst, wenn ihre Auswandererberatungsstelle ein Gutachten über die Höhe der zu transferierenden Vermögenswerte abgegeben hat. Vor Beantragung des Gutachtens ist ein Fragebogen auszufüllen und zusammen mit der polizeilichen Wohnbescheinigung und einem Vermögensverzeichnis einzureichen. Überall müssen die Bernsteins Schlange stehen, fast überall werden sie unfreundlich behandelt. Der gemeinnützige Hilfsverein tut, was er kann, um die Auswandernden organisatorisch und finanziell zu unterstützen, aber dem Ansturm von 16 000 Emigranten allein aus Berlin im Jahr 1938 ist er nicht gewachsen. Die Reichsfluchtsteuer immerhin bleibt den Bernsteins erspart, denn das Jahreseinkommen eines Täschners und einer Verkäuferin liegt deutlich unter der Freigrenze von 50 000 Reichsmark. Ob das Ehepaar außer dem Reisegeld von 10 Reichsmark und dem Bordgeld von 30 Reichsmark pro Reisetag noch zusätzliche Devisen ausführen darf, ist nicht überliefert. Bis zu einer Freigrenze von 1000 Reichsmark darf der Täschner sein Werkzeug und einen Koffer voller Handtaschen mitnehmen, um sie, so hofft er, in Shanghai zu verkaufen. Aber auch die Mitnahme von Sachwerten hängt von der Genehmigung eines Verzeichnisses in dreifacher Ausfertigung ab.

Am 11. Dezember 1938 ist es so weit. Die Bernsteins verabschieden sich von ihren Freunden. Vielleicht kommt die Familie Caro mit zum Bahnhof und winkt. Die Bernsteins müssen in Bremen das Passagierschiff nach China erreichen. Die Überfahrt dauert vier bis sechs Wochen und kostet pro Person etwa 740 Reichsmark. Mit dem Express-Schiff aus Genua wäre es schneller gegangen, aber auch teurer gewesen. Vermutlich hat das Ehepaar die Schiffspassage mit dem Notverkauf seiner Wohnungseinrichtung und einiger Schmuckstücke finanziert. Sally ist Anfang fünfzig, Erna Ende vierzig, als beide in ein fernes Land aufbrechen, von dem sie nichts wissen und in das sie nicht wollen.

DRITTES KAPITEL
Die Ausgegrenzten

Ende 1938 muss die Familie Caro zur Kenntnis nehmen, dass sie alle möglichen Bezirke, Straßen, Plätze, An-
lagen und Gebäude nicht mehr betreten darf. Der am
3. Dezember vom Berliner Polizeipräsidenten verhängte
»Judenbann« erstreckt sich – von sämtlichen Theatern,
Kinos und Museen über Sportpalast und Funkturm bis
zu Eisbahnen und Badeanstalten – über eine derartige
Vielzahl von Lokalitäten, dass die sich kein Mensch mer-
ken kann. Schilder mit dem Aufdruck »Für Juden verboten« schaffen Abhilfe. Wer sich trotzdem in einem der
Bannkreise ertappen lässt, muss mit einer Geldbuße von
150 Reichsmark oder einer Haftstrafe von bis zu sechs
Wochen rechnen.

Das Jahr 1939 beginnt für die Caros mit dem Gang
zum Polizeirevier. Sie müssen ihre neuen Kennkarten
abholen. Auf der Vorderseite ist ein schwarzes, auf der
linken Innenseite ein rotes »J« eingedruckt, das rote noch
größer als das schwarze. Auch die Reichsbürger erhalten
jetzt nach und nach Kennkarten, mit dem Reichsadler
auf der Vorderseite. Der Beamte weist die Caros darauf
hin, dass sie bei der Unterschrift ihre zweiten Vornamen
Sara und Israel nicht vergessen dürfen und dass sie für den
Verwaltungsaufwand pro Kennkarte drei Reichsmark zu
zahlen haben.

Charlotte Glückstein,
um 1940

Werner Caro verliebt sich. Nicht in seine neue Kollegin,
die knapp zwanzigjährige Charlotte Glückstein, die Anfang Februar bei Wolf & Geppert als Directrice anfängt,
sondern in ihre Mutter, die wie seine Mutter Else heißt.
Diese »deutschblütige« Else, Witwe eines jüdischen Kauf-
manns, ist fünf Jahre älter als Werner. Die beiden werden, bis zu Elses Tod, Jahrzehnte zusammenbleiben. Erst
einmal, und das für lange Zeit, müssen sie sich heimlich
lieben, denn ihre Verbindung ist eine »rassenschände-
rische«. Tochter Charlotte ist zwar evangelisch getauft,
aber der Logik der »Nürnberger Gesetze« folgend »Mischling ersten Grades«, denn sie hat zwei jüdische Großeltern.

»Mischling zweiten Grades« wäre sie mit nur einem jüdischen Großelternteil. Für die meisten Volksgenossen ist dieses Juristendeutsch zu kompliziert. Die Presse spricht daher lieber von »Halb-« und »Vierteljuden«, das prägt sich besser ein.

Es klingt erstaunlich, dass Charlotte noch Anfang 1939 bei einer »arischen« Firma angestellt wird. Aber »Mischlingen« ist es prinzipiell gestattet, in der gewerblichen Wirtschaft zu arbeiten, wenn auch nur dort, und sie werden sogar in die Deutsche Arbeitsfront aufgenommen. Andererseits liegt es im Ermessen des Arbeitgebers, »halbjüdische« Mitarbeiter zu beschäftigen oder nicht. Entweder haben die Herren Wolf und Geppert kein Problem damit oder Charlotte drückt sich einfallsreich um die Ausfüllung des obligatorischen Fragebogens über ihre »rassische« Abstammung. Der bis Ende 1939 befristete, aber auf eine Verlängerung abgestimmte Arbeitsvertrag hat sich erhalten. Die junge Directrice wird, mit einem Monatsgehalt von 500 Reichsmark, bis zum September 1943 in der Firma bleiben. Die neue Position verlangt der gelernten Schneiderin ein hohes Maß an künstlerischem und technischem Know-how ab. Sie entwirft und zeichnet, stellt Schnittmuster her, ist in Materialkunde und Verarbeitungstechniken bewandert und tüftelt in Kooperation mit ihren Chefs die Produktionsabläufe so effizient aus, dass die Gewinnspanne möglichst hoch bleibt. 1939 und 1940 sind breite Schulterpolster in Mode, glockige und enge Röcke umspielen das Knie. Charlottes künstlerischer Phantasie werden allerdings alsbald durch kriegsbedingte Sparmaßnahmen Grenzen gesetzt. Ab November 1939 bremst die Reichskleiderkarte modische Extravaganzen, allmählich werden die Stoffe knapp, bis sogar ein »Spar-kleid« aus billiger Kunstseide auf den Markt kommt.

Es ist Walter, der sich in Charlotte verliebt. Sie ist so anders als Tilly. Die neue Liebe ist heilsam für ihn, denn in nichts erinnert sie an das grausige Geschehen vor einem halben Jahr. Die blonde Tilly ist von hinreißendem Lieb-reiz gewesen und flatterhaft wie ein Schmetterling. Char-lotte hingegen ist eine Frau, die weiß, was sie will, ihre sinnliche Ausstrahlung ist von der geerdeten Art, und ihre Jugend gibt der Männlichkeit des zwanzig Jahre Älteren neuen Aufschwung. Aber worin besteht Walters Anzie-hung für Charlotte? Groß ist er nicht, und sein Haupthaar ist schütter. Vielleicht sucht die Halbwaise in ihm einen Ersatz für den früh verstorbenen Vater. Vielleicht erliegt sie, die Begabte und Ehrgeizige, dem Eros der Macht. Prokurist ist Walter ja nun nicht mehr, aber immer noch Verkaufsleiter mit einem Monatsgehalt von 1000 Reichs-mark in einer großen Firma. Walter und Charlotte ver-loben sich sogar. Aber sie heiraten nicht, denn als Ehefrau eines »Volljuden« würde Charlotte zum gefährlichen Status einer »Geltungsjüdin« herabgestuft und damit als »Volljüdin« gelten.

Irgendwann im Frühjahr zieht Werner zu Else und ihrer Tochter in die Trautenaustraße. Ein nicht ungefährliches Unterfangen, aber wer weiß dort schon, dass er Jude ist? Falls ihn doch einmal ein aufmerksamer Nachbar an-zeigen sollte, könnte er immer noch behaupten, mit der »Halbjüdin« Charlotte verlobt zu sein. Anders als die Verlobung mit einer »Vierteljüdin« wäre das nicht ver-boten. Werners Umzug ist dank der Volkszählung dokumentiert. Die von den Caros ausgefüllte Haushaltungsliste nennt als Werners »Verzugsadresse« Berlin-Wilmersdorf, Trautenaustraße 8. Für die mit dem Stichtag 17. Mai 1939 durchgeführte Volkszählung ist zusätzlich in einer »Ergänzungskarte für Angaben über Abstammung und Vorbildung« zu beantworten, ob »einer der vier Groß-elternteile der Rasse nach Volljude« ist. Nolens volens wird die »jüdische Rasse«, wie schon in den »Nürnberger Gesetzen«, über die Religionszugehörigkeit definiert. Noch immer ist es den Rassetheoretikern nicht gelungen – und wird ihnen auch nicht gelingen –, den Begriff wissenschaftlich zu untermauern. Für die im Auftrag von Heydrich reichsweit angelegte »Judenkartei« stellen die Ergänzungskarten eine einzigartige Quelle dar.

Auch Kurt Caro ist umgezogen. Wie aus der Haushaltungsliste zur Volkszählung hervorgeht, wohnt er im Mai 1939 mit Frau und Kind nicht mehr im Bezirk Neukölln, Kleine Innstraße 3, sondern in der mütterlichen Wohnung in der Schönhauser Allee. Der besseren Übersicht halber ist es seit Dezember letzten Jahres erwünscht, dass »Nicht-arier« in »Judenhäusern« zusammengefasst werden. Die Schönhauser Allee 62 ist ein solches »Judenhaus«, denn es gehört – noch – jüdischen Eigentümern. Obwohl der Mieterschutz für Juden erst Ende April aufgehoben wird, haben die Eigentümer des Hauses Kleine Innstraße 3 den Caros in vorauseilendem Gehorsam bereits zum 31. März gekündigt. Schon lange empfindet es so mancher Vermie-ter als Zumutung, dass unter seinem Dach Volksgenossen mit Juden zusammenleben müssen. Kurt verkauft die Wohnungseinrichtung – Speisezimmer, Schlafzimmer,

Küche und einen Radiotisch – zum Schleuderpreis an »arische« Interessenten. Den Radiotisch hätte Kurt sowieso bald nicht mehr gebraucht, denn im September wird er das dazugehörige Rundfunkgerät bei seinem Polizeirevier abliefern müssen. Kurts Auto, ein Ford T4, Baujahr 1927, ist schon weg, unter Wert verkauft, da allen Juden schon im Dezember ihre Führerscheine entzogen worden sind. Aus demselben Grund hat Werner sein Motorrad mit Beiwagen verschleudert. Keine Ausflüge mit Else mehr.

Ebenfalls im Dezember hat Kurt zur Kenntnis nehmen müssen, dass er in einer »nichtprivilegierten Mischehe« lebt, weil seine Frau Frida zwar eine evangelisch getaufte Nichtjüdin ist, aber die Tochter Ruth als Angehörige der Jüdischen Gemeinde geführt wird. Wäre die »halbjüdische« Ruth evangelisch wie ihre Mutter und daher die Ehe eine »privilegierte«, hätte die Familie in ihrer Neuköllner Wohnung bleiben dürfen. Denn in diesem Fall, so das rassenideologische Rechenexempel, hätte der »arische Anteil« der Familie den »jüdischen« überwogen. Aber da es sich bei Ruth um einen »Mischling« mosaischen Glaubens handelt, gehört das Kind in die gefährdete Gruppe der »Geltungsjuden«.

Seit Anfang 1939 ist Kurt arbeitslos. Nach Abschluss seiner Lehre zum Textilkaufmann 1914 hat er vierundzwanzig Jahre lang als Reisevertreter für Blusen und Kleider im Hausvogteiviertel gearbeitet. Am 31. Dezember 1938 ist damit Schluss, denn eine jüdische Textilindustrie existiert nicht mehr. Gewiss hätten Walter und Werner ihn nur zu gern bei Wolf & Geppert untergebracht, bevor sie im Januar 1940 selbst entlassen werden, aber die Neueinstellung eines »Volljuden« wäre schon am Einspruch

Arbeitsbuch für Kurt Caro, 1935–1945

der Deutschen Arbeitsfront gescheitert. Kurt wird als
Zwangsarbeiter vermittelt, nicht vom – »Für Juden ver-
boten« – Arbeitsamt, sondern von der extra eingerichte-
ten »Zentralen Dienststelle für Juden«. Die Stationen von
Kurts Zwangsarbeit lassen sich an seinem Arbeitsbuch
ablesen. Das Gesetz zur Einführung von Arbeitsbüchern
datiert vom Februar 1935, so dass deren reichsdeutsche
Gestaltung der aktuellen Judenpolitik hinterherhinkt.
Den Deckel schmückt der Reichsadler und alle vier Ecken
jeder Seite das Hakenkreuz. Als die Dienststelle Kurts
Arbeitsbuch Mitte Februar 1939 aktualisiert, quetscht der
Sachbearbeiter ein krakeliges »Israel« zwischen Kurt und
Caro. Der Stundenlohn für jüdische Zwangsarbeiter beträgt 0,72 Reichsmark, ob brutto oder netto, war nicht
herauszufinden. Jedenfalls muss Kurt seinen Verdienst
versteuern, und zwar nicht wie ein »arischer« Familien-

vater nach Steuerklasse IV, sondern wie ein Junggeselle nach der höchsten Klasse I. Der Tariflohn für einen »arischen« Hilfsarbeiter ist mit 0,90 Reichsmark übrigens nicht wesentlich höher.

Kurts einzelne Einsätze wechseln sich mit längeren Pausen ab. Exakt eine Februarwoche lang schuftet er als Abbrucharbeiter bei der Baufirma H. Schu & Co. Von März bis Mai existieren keine Eintragungen. Vielleicht ist ein Bandscheibenvorfall die Ursache. Ab Juni arbeitet Kurt für drei Monate als Tiefbauarbeiter beim Unternehmen Karl Stöhr auf der Baustelle Verschiebebahnhof Wuhlheide. Das ehrgeizige Projekt der Deutschen Reichsbahn im Südosten Berlins wird übrigens, trotz massivstem Einsatz von Zwangsarbeitern nach Kriegsbeginn, nie fertig werden. Ende August hat Kurt einen schweren Arbeitsunfall. Er bricht sich das linke Wadenbein und den linken Oberschenkelknochen. Wo wird er operiert? Das Jüdische Krankenhaus ist überfüllt, und »arische« Hospitäler sind angewiesen, jüdische Patienten nur im äußersten Notfall aufzunehmen. Die längste Zeit liegt Kurt in der Schönhauser Allee im Bett und wird von einem Arzt der Unfallversicherung, Abteilung Tiefbau, betreut.

Vielleicht hat ihn auch der alte Hausarzt, Dr. Hermann Hillel Abramsohn, ab und zu besucht. Zwar ist dem Allgemeinmediziner im Dezember 1938 die Kassenzulassung aberkannt worden, obwohl er sie als ehemaliger »Frontkämpfer« im Weltkrieg theoretisch hätte behalten dürfen. Doch ist ihm gestattet, weiterhin als »Krankenbehandler für Juden« tätig zu sein. In seiner Kennkarte darf er den zweiten Vornamen Israel weglassen, denn Hillel ist jüdisch genug. Der deutsche »Hermann« hingegen ist ihm aberkannt worden. Nach monatelanger Bettlägerigkeit muss der Patient mühsam wieder laufen lernen. Trotzdem ist es erstaunlich, dass Kurts Arbeitsbuch über ein Jahr lang bis November 1940 leer bleibt. Vielleicht hat der »arische« Arzt der Unfallversicherung seine schützende Hand über den Zwangsarbeiter gehalten.

VIERTES KAPITEL
Die Auftragsmörder

Auch Kriminalrat und Noch-Untersturmführer Werner Togotzes geht es nicht gut. Wegen eines chronischen Magenleidens ist er, wie ihm ein SS-ärztliches Attest im Februar 1939 bescheinigt, »am Erwerb von Sportabzeichen verhindert«. Gegen Ende August wird sein Chef, Ernst Gennat, zu Grabe getragen. Der wegen seiner kriminalistischen Brillanz weit über Berlin hinaus berühmte Leiter der Mordkommission ist 1935 zum letzten Mal befördert worden. Nach der Himmlerschen Polizeireform hat der Regierungs- und Kriminalrat keine Chance mehr, zum Leiter der Kriminalpolizei aufzusteigen, da er weder der NSDAP noch der SS beitritt. In der SS wäre er auch eine pittoreske Figur gewesen – als Jahrgang 1880 zu alt und, den Fotos nach, entschieden zu dick. Im Mordfall Tilly Albrecht ist Gennat im Hintergrund geblieben und lediglich als Verfasser der abschließenden Pressemitteilung hervorgetreten. Zu seiner Beerdigung dürfte Hauptsturmführer Togotzes die schwarze SS-Uniform getragen haben. Sein Kollege Theo Saevecke vom Brand- und Katastrophendezernat kommt in Zivil mit Zylinder. Sein Aufnahmeantrag in die SS harrt noch der Befürwortung, und seine senffarbene SA-Uniform wäre im Trauerzug denn doch ein unangebrachter Farbtupfer gewesen.

Etwa eine Woche nach Gennats Beerdigung ist Togotzes, nun in der feldgrauen Uniform der Waffen-SS, beim Überfall auf Polen dabei. Für den geplanten Vernichtungskrieg werden zur Unterstützung der Wehrmacht insgesamt sechs Einsatzgruppen der SS mit je zwei bis vier Kommandos aufgestellt. Sie rekrutieren sich aus Beamten des Sicherheitsdienstes und der Sicherheitspolizei, zu der, es sei daran erinnert, die Geheime Staats- und die Kriminalpolizei gehören. Vier Wochen nach Kriegsbeginn steht in Berlin die Architektur des Terrors: vier Blöcke – SD, Sipo, Gestapo, Kripo – unter dem Dach des Reichssicherheitshauptamts (RSHA). Aufgabe der Einsatzkommandos ist die »Bekämpfung aller reichs- und deutschfeindlichen Elemente im Feindesland rückwärts der fechtenden Truppe«. Als Umschreibung hoch technisierter Regimenter der Wehrmacht nimmt sich der Ausdruck »fechtende Truppe« einigermaßen abstrus aus, doch gehört er traditionell zum militärischen Wortschatz. Im Klartext bedeutet der Auftrag die Ermordung polnischer Zivilisten – der Intellektuellen, Adligen, Geistlichen und natürlich der Juden, Frauen und Kinder eingeschlossen – durch Himmlers Spezialeinheiten.

Togotzes gehört zum Einsatzkommando 2 der Einsatzgruppe V. Als deren Kommandeur fungiert Standartenführer Ernst Damzog, im Zivilberuf Regierungs- und Kriminaldirektor, und als Leiter des Einsatzkommandos 2 der promovierte Jurist und Hauptsturmführer Robert Schefe. Seit einem Jahr ist Schefe Chef der Staatspolizeistelle im ostpreußischen Allenstein, Anfang September einer der Ausgangspunkte für den Einmarsch ins Feindesland. Dem aktuellen Forschungsstand zufolge hat sich die Einsatzgruppe V anfangs im Wesentlichen auf die Abschiebungen von Juden in noch unbesetztes Gebiet konzentriert. Den Deportationen gehen die »Erfassungen« jüdischer Vermögenswerte zwecks Schaffung eines »Auswanderungsfonds« voraus – eine Variante der erprobten Reichsfluchtsteuer. Ab Anfang Oktober erreicht die Brutalität auch in Damzogs Einsatzgruppe einen neuen Höhepunkt. Seine Kommandos setzen Häuser, Synagogen, ganze Dörfer in Brand. Sofern die Zivilisten nicht verbrennen, werden sie erschossen.

Ab dem 11. Oktober muss das Einsatzkommando 2 ohne Werner Togotzes auskommen. An diesem Tag sitzt er als Beifahrer in einem Pkw, der nahe Grudziądz, das jetzt wieder Graudenz heißt, gegen einen Baum prallt, weil der Fahrer am Steuer eingeschlafen ist. Togotzes' Verletzungen sind so schwer, dass er vom Standortlazarett Graudenz erst nach einer Woche ins Berliner Staatskrankenhaus der Polizei überführt werden kann. Er ist mit dem Kopf heftig gegen die Windschutzscheibe geschlagen und hat sich den Oberkiefer, das rechte Jochbein und den rechten Zeigefinger gebrochen. Fünf Wochen später, am 25. November, entlässt man ihn als »hauskrank«, mit der Auflage, sich in der Zahn-Abteilung weiterhin ambulant behandeln zu lassen. Im Sommer darauf beantragt das Staatskrankenhaus die Aufnahme des Patienten in die Polizeikuranstalt Karlsbad. Der eins zweiundachtzig große Togotzes wiegt noch dreiundfünfzig Kilo.

Seine Krankheit und die im Lauf der Jahre immer wiederkehrende ärztliche Diagnose »Gastritis superacida« und »Psycholabilität« sind eine Überlegung wert. Die Biographie von Werner Togotzes ähnelt derjenigen zahlreicher Polizisten im Nationalsozialismus. Sie wurzelt im Kaiserreich, in das er knapp vor der Jahrhundertwende

hineingeboren wird. Werners Vater, ein Amtsgerichts-
inspektor in Berlin, ist im Dienst ein obrigkeitstreuer Un-
tertan und zu Hause ein autoritärer Patriarch. Sein Sohn
soll gehorchen, studieren und es einmal besser haben als er.
Im August 1917 verschluckt der Weltkrieg den Primaner
und speit ihn erst am Ende wieder aus. Als Musketier
der Infanterie hat der Oberschüler den niedrigsten aller
Dienstgrade abbekommen. Seine Kameraden krepieren in
den Schützengräben. Er fängt an zu rauchen und wird nie
wieder damit aufhören. Als er mit seinem Eisernen Kreuz
zweiter Klasse und dem Ehrenkreuz für Frontkämpfer
nach Hause kommt, erwartet ihn die Nachricht, dass sein
Bruder und seine Schwester an der »Spanischen Grippe«
gestorben sind. Die Pandemie hat weltweit mehr Todes-
opfer gefordert als der gesamte Krieg. Was also ist ein
Menschenleben wert?

Werner Togotzes holt sein Abitur nach und immatrikuliert sich für Volkswirtschaft und Rechtswissenschaften.
Sein Vater ist stolz auf ihn. Aber nach sieben Semestern
muss der Sohn – wie so viele Jurastudenten und spätere
Polizisten – die Universität verlassen. Im Inflationsjahr
1923 ist jeder Anschein von Sicherheit und Ordnung dahin und das Studium nicht mehr finanzierbar. Jetzt – Togotzes ist vierundzwanzig – beginnt die Magenkrankheit.
Schmerzen, Übelkeit und Erbrechen werden seine ständi-
gen Begleiter. Ein kurzes Gastspiel als Angestellter beim
Magistrat von Berlin wird durch seinen ersten Kranken-
hausaufenthalt unterbrochen. Vom Magistrat wegen »Per-
sonalüberhang« entlassen, bewirbt er sich als Kriminal-
kommissaranwärter beim Polizeipräsidium. 1927 wird er
als Kriminalkommissar nach Halle versetzt, muss auch

dort ins Krankenhaus, heiratet, kehrt vier Jahre später nach Berlin zurück, arbeitet anfangs im Betrugsdezernat und seit 1933 in der Mordkommission. Trotz seines beruflichen Aufstiegs bleibt Werner Togotzes ein kranker Mann. Vor 1939 hat er insgesamt fünfmal im Krankenhaus gelegen. Er wird immer dünner. Auf die Ärzte macht er »einen nervösen, übererregbaren Eindruck«. Regelmäßig plagen ihn »heftige Magen-Darm-Koliken« und »schweres Erbrechen«. Seine Hände zittern. Kann dieser Mann überhaupt ein Gewehr halten? Die Nahaufnahme des SS-Killers sieht plötzlich verwackelt aus.

Alle Einsatzgruppen werden offiziell am 20. November 1939 aufgelöst. Doch die von SS-Oberführer Erich Naumann geleitete Gruppe VI ist noch in Poznań, nunmehr wieder Posen, stationiert, als Theo Saevecke am 10. Dezember zu ihr abgeordnet wird. Dieser Einheit untersteht das Posener Polizeigefängnis Fort VII, in dessen Bunker schon seit Oktober »Probevergasungen« an Geisteskranken durchgeführt werden. Gut möglich, dass Saevecke seinen Chef Naumann begleiten darf, um einen hohen Besucher zu begrüßen. Himmler ist angereist, um sich am 13. Dezember eine der »Probevergasungen« vorführen zu lassen. Insgesamt werden in Polen bis zum Jahresende rund 50 000 Zivilisten ermordet. Die Massaker sind damit nicht beendet, sondern werden mit steigender Effizienz fortgeführt. Unter Beteiligung von Saevecke? Im April 1940 wird er bei der Kriminalpolizeileitstelle Posen als Chef der Mordkommission eingesetzt. Aber bereits im Juli kehrt er seiner Dienststelle im Generalgouvernement den Rücken. Vielleicht die Flucht eines Abenteurers.

Theo Saevecke, 1939

Theo Saeveckes erstes Abenteuer ist weltanschaulicher Natur gewesen. 1926, mit fünfzehn, tritt er der Schilljugend bei, einem vom ehemaligen Freikorpsführer Gerhard Roßbach gegründeten völkischen und paramilitärischen Wehrjugendbund. Mit siebzehn wird er SA-Mann, mit achtzehn Mitglied der NSDAP. Die frühe ideologische Imprägnierung wird sein Leben lang keinerlei Risse bekommen. Mit zwanzig geht der gelernte Seemann auf große Fahrt, lernt die Weltmeere, Südamerika, Australien, Afrika und fast alle europäischen Länder kennen. Nach vier Jahren bei der Handelsmarine steigt er aus und peilt als nächstes Abenteuer das Brand- und Katastrophendezernat bei der Mordkommission in der Reichshauptstadt an. Die darauffolgenden Aufgaben in Polen sind kein Abenteuer, sondern Drecksarbeit. Also bewirbt er sich für den Einsatz bei der Sicherheitspolizei in den »Kolonien«. Mit

Erfolg. Sein neues Abenteuer beginnt in Nordafrika. Als Verbindungsoffizier der Sipo koordiniert der SS-Hauptsturmführer die »Vorbeugende Verbrechensbekämpfung« zwischen dem Amt V des Reichssicherheitshauptamts und der italienischen Kolonialpolizei in Libyen und Tunesien.

FÜNFTES KAPITEL
Die Sternträger

Während Kurt Caro laut Arbeitsbuch bis November 1940 pausiert, werden Walter und Werner nach ihrer fristlosen Entlassung im Januar ab Mai zur Zwangsarbeit gepresst. Jetzt arbeiten sie ebenfalls für einen Stundenlohn von 0,72 Reichsmark zwölf Stunden täglich in der Tiefbaufirma Gerhard Wenzel & Carl H. Richter in Wilmersdorf. Als ihr dortiger Einsatz mit dem Jahr 1941 endet, tragen sie schon seit vier Monaten die vom Innenminister verordnete neue »Kennzeichnung der Juden«. Mit deren Organisation hat die Polizei die Jüdische Kultusvereinigung zu Berlin beauftragt. Die zuständigen Verteilungsstellen sind in Synagogen und Turnhallen jüdischer Schulen untergebracht. Am 17. September, dem Ausgabetag für die Buchstaben A–K, haben die Caros ihre »Kennzeichen« gegen Vorlage eines »lila Bezugsausweises« und einer Zahlung von je 0,10 Reichsmark abzuholen, Mutter Else, Walter, Kurt und seine Tochter Ruth in der Jüdischen Schule in der Choriner Straße, Werner in der Joachimstaler Straße.

Ab dem 19. September 1941 ist es jedem Juden vom sechsten Lebensjahr an bei Strafe verboten, ohne dieses »Kennzeichen« auf die Straße zu gehen, das in der Polizeiverordnung vom 1. September aufs Genaueste beschrieben wird: »Der Judenstern besteht aus einem handtellergroßen, schwarz ausgezogenen Sechsstern aus gelbem Stoff mit der Aufschrift ›Jude‹. Er ist sichtbar auf der linken

Brustseite des Kleidungsstücks fest aufgenäht zu tragen.«
Die Hersteller sind mit der Produktion von rund 82 500
»Sternen« allein für Berlin kaum nachgekommen. Wer
für seine Kleidungsstücke gleich mehrere »Sterne« kaufen möchte, wird auf eine zweite Lieferung im Oktober
vertröstet. Die Gestalter müssen das »Kennzeichen« mit
geradezu sadistischem Vergnügen entworfen haben. Seine Form verhöhnt den Davidstern, die Farbe nimmt den
»Gelben Fleck« der Juden im Mittelalter auf, die Buchstaben karikieren hebräische Schriftzeichen. Jetzt werden
die Leute einen Bogen um die »Sternträger« machen, auch
um die Caros, werden die Augen niederschlagen und nicht
hinsehen. Manchmal fragt ein Kind: Mama, was sind das
für komische Dinger? Es sind Brandzeichen. Aber das
sagt die Mama nicht. Andere Reichsbürger lassen sich von
ihrem gesunden Volkszorn dazu hinreißen, »Sternträger«
zu beschimpfen und anzuspucken. Aber es gibt auch Be-
kundungen des Mitgefühls, über die Minister Goebbels
sich in seinem Tagebuch erbost. Die Propagandamaschi-
nerie spuckt schon seit 1939 unentwegt die Parole aus, das
Weltjudentum habe den Krieg angezettelt. Also gehört
jeder Mensch, der einen gelben Stern trägt, laut Goebbels
zur Rasse der Kriegstreiber. Vor drei Monaten sind Hitlers
Armeen ohne Kriegserklärung in Russland einmarschiert.
Wie erklären Kurt und Frida ihrer Tochter, was dieser
gelbe Stern bedeutet und warum jetzt jeder Gang nach
draußen zum Spießrutenlaufen ausarten kann? Sie haben
Ruth im Vorjahr evangelisch taufen lassen, in der vergeb-
lichen Hoffnung, dass ihre Ehe durch diesen Schritt zur
»privilegierten Mischehe« hochgestuft würde. Wäre dies
gelungen, hätte jetzt der Taufschein Vater und Tochter

vom Tragen des »Judensterns« befreit. Aber die Behörden haben, wie in vielen anderen Fällen auch, das durchsichtige Manöver durchschaut und den Antrag abgelehnt. Der Konfessionswechsel muss das zwölfjährige Mädchen völlig verwirrt haben. In diesem Alter sollte sie ihre Bat-Mizwa feiern. Volljährig wäre sie geworden am Schabbat nach ihrem Geburtstag, und ihre religiöse Selbstständigkeit hätte begonnen. Stattdessen ist sie plötzlich eine evangelische Christin. Und warum muss sie jetzt, bevor im Sommer 1942 alle jüdischen Schulen geschlossen werden, ihre letzten beiden Schuljahre in einer Sonderklasse für nicht-mosaische Mädchen in der Jüdischen Knabenschule in Berlin-Mitte verbringen? Und trotzdem den »Stern« tragen? Sie weiß nicht mehr, wohin sie gehört.

Werner kehrt aus der Trautenaustraße in das »Judenhaus« in der Schönhauser Allee zurück, um Else nicht zu gefährden. Ach, der Caro ist Jude!, würden andernfalls die Nachbarn sagen, und wer will schon »so einen« im Haus haben. Und dass der gleich mit zwei Frauen ... Ist das nicht überhaupt Rassenschande?

Der »Judenstern« signalisiert den Anfang vom Ende. Schon am 1. März 1941 hat der Reichsführer-SS das Konzentrationslager Auschwitz besichtigt und die Errichtung eines weiteren Lagers angeordnet. Am 8. Oktober beginnt der Bau des Vernichtungslagers Auschwitz-Birkenau. Es folgen die Einrichtung des Konzentrationslagers Lublin-Majdanek und der Baubeginn des Vernichtungslagers Belzec. Am 18. Oktober werden 1013 »Sternträger« aus Berlin deportiert, vom Bahnhof Grunewald ins Ghetto Litzmannstadt (Łódź). Um das Reich endgültig »judenrein« zu machen, ist die Emigration nicht effektiv genug gewesen. Also wird sie im Oktober verboten. Im Dezember wird in Kulmhof (Chełmno) eine erste Vernichtungsstation fertiggestellt. Die Ermordung von Juden in Lkws, die zu »Gaswagen« umgebaut sind, stellt sich aber auf Dauer als zu umständlich heraus.

Seit November 1940 sind Kurts Zwangseinsätze Schlag auf Schlag erfolgt. Bis Mitte Dezember hat er bei A. Wernersmarch GmbH, einer Firma für Erd-, Straßen- und Betonbau, als Hilfsarbeiter malochen müssen. Gleich im Anschluss versetzt man ihn zum Zimmerei- und Baugeschäft Fritz Müller in Berlin-Lichterfelde. Dort bleibt er über zwei Jahre. Auf dem Weg zur Arbeit läuft er einem Polizisten in die Arme, nach dessen Einschätzung Kurts »Stern« nicht fest genug aufgenäht ist. Das kostet 30 Reichsmark. Walter und Werner werden im Januar 1942 an die Blechfabrik Alfred Hanne in Berlin-Weißensee vermittelt. Insgesamt sind dort etwa achtzig jüdische Zwangsarbeiter beschäftigt. Walter wird zur Tagschicht, Werner zur Nachtschicht eingeteilt. Die Arbeitszeit beträgt zwölf Stunden und der Stundenlohn wiederum 0,72 Reichsmark. Die Brüder haben die Aufgabe, leere Konservenbüchsen aus Krankenhäusern und Kasernen abzuholen, zu säubern und neu zu verarbeiten. Nebenher muss im März für die Wohnungstür in der Schönhauser Allee ein weißer »Judenstern« aus Papier gekauft und aufgeklebt werden.

Else Caro stirbt am 20. Dezember 1942 im Alter von achtundsiebzig Jahren einen gnädigen Tod. Sie stirbt nach einem Herzinfarkt zu Hause, an einem Sonntag, so dass ihre Söhne bei ihr sein können. Am 24. Dezember wird Else auf dem Jüdischen Friedhof Weißensee neben ihrem Mann Julius begraben. Aus den Unterlagen geht hervor, dass Walter Caro der »Bestaller« der Beisetzung und Martin Riesenburger der amtierende Rabbiner gewesen ist. Beerdigungen nach jüdischem Ritus sind zwar verboten, aber da es sich hier um bereits tote Juden handelt, fallen die Kontrollen eher lax aus. Im Jahr 1942 hat Rabbi Riesenburger auf seinem Friedhof achthundertelf Menschen bestattet, die den »Freitod« einer drohenden Deportation vorgezogen haben. Bis zum Kriegsende wird er hier die Gebete für unzählige Tote sprechen. Sie liegen nicht nur in Särgen. Immer öfter bringen Angehörige Urnen mit der Asche derjenigen, die in den Lagern an »Herzmuskelschwäche« oder »Hirnhautentzündung« gestorben sind. Elses Leichnam wird vermutlich erst abends in der Dunkelheit vom friedhofseigenen Leichenwagen abgeholt, von dem der auffällige Davidstern längst abmontiert ist. Der Rabbi hält die Leichenrede, spricht das El male rachamim, das Gebet für das Seelenheil der Toten, die Hinterbliebenen werfen drei Handvoll Erde auf den Sarg und sprechen das Kaddisch-Gebet. Der Rabbi schneidet mit einer kleinen Schere in Walters Schal oder Mantelkragen. Walter reißt den Schnitt weit auf. Schnitt und Riss stehen für eine Wunde, die sich nie wieder schließen wird.

Es ist nicht überliefert, ob alle drei Söhne an diesem Donnerstag für einige Stunden der Zwangsarbeit fernbleiben dürfen und ob neben Schwiegertochter und Enkelin auch die beiden Glücksteins oder Nachbarn aus dem »Judenhaus« gekommen sind. Aus Angst vor getarnten Gestapo-Beamten folgt stets nur ein kleinster Kreis von Hinterbliebenen den Särgen und Urnen. Beim Betreten und

Verlassen des Friedhofs müssen die Trauernden darauf achten, dass sie die Straße schnurgerade und nicht etwa schräg überqueren. Liegen Polizisten auf der Lauer, werden »Verkehrssünder« wegen »Verletzung der Straßenordnung« zu Geldstrafen in Höhe von 30 Reichsmark verurteilt und als »vorbestraft« registriert. Seit 1938 weist ein Warnschild der Friedhofsverwaltung am Eingang auf die absurde Verordnung hin: »Es ist verboten, an der Strassenkreuzung [...] am Strassenbahnkörper entlang zur Insel der Strassenbahnhaltestelle zu gehen. [...] Geht an der Ecke geradlinig über die Strasse auf den gegenüberliegenden Bürgersteig.« Gut möglich, dass dem Häuflein Hinterbliebener durch diesen behördlich verordneten Umweg die Straßenbahn vor der Nase weggefahren ist.

An diesem sogenannten Heiligen Abend denkt Walter Caro ganz sicher nicht an seinen ehemaligen Chef, und er hat auch keine Ahnung, dass Siegfried und Helena Heumann schon seit über einem Vierteljahr tot sind. Nach der deutschen Besetzung im Mai 1940 ist laut Polizeiverordnung vom 28. April 1942 in den Niederlanden ebenfalls der »Judenstern« eingeführt worden. Häftlinge im Ghetto Litzmannstadt stellen die »Sterne« her. Die benötigte Liefermenge ist hoch, denn in der zentralen »Judenkartei« sind im Juli des Vorjahres über hundertsechzigtausend holländische und ausländische Juden erfasst worden. Siegfried und Helena leben wieder zusammen, jetzt in Hilversum, in der Gijsbrecht van Amstelstraat 470. Wann Helena verhaftet und in Westerbork eingeliefert wird, weiß heute niemand mehr. Das ehemalige Flüchtlingslager steht seit Anfang Juli 1942 als »polizeiliches Judendurchgangslager Kamp Westerbork« unter deutscher Verwaltung. Jeden Dienstag fährt ein Güterzug voller »Sternträger« nach Auschwitz. Helena ist zweiundvierzig, als sie am 10. August deportiert wird und drei Tage später im Vernichtungslager ankommt. Am 13. August 1942 endet ihr Leben in der Gaskammer. Ob ihre Leiche in den Ofen des Krematoriums oder in eine der Verbrennungsgruben geworfen wird, ist nicht überliefert.

Siegfried Heumann flieht – im September, wie vor vier Jahren schon einmal. Es existiert eine geheime Fluchtroute von Amsterdam über Belgien und Frankreich in die Schweiz. Dort will er hin. Er hat Geld. Vermutlich ist er mit einem Fluchthelfer auf Schleichwegen oder allein mit falschen Papieren über Brüssel nach Paris und von dort nach Lyon gelangt. Um von Lyon über die Schweizer Grenze zu kommen, muss er die Demarkationslinie zwischen dem besetzten und unbesetzten Teil Frankreichs passieren. Die Flucht misslingt. Vielleicht hat sein falscher Pass Verdacht erregt, vielleicht ist er verraten worden. Siegfried Heumann wird verhaftet und in der malerischen Region Languedoc-Roussillon im Camp de Rivesaltes interniert. 1939 hat französisches Militär das Lager nach dem Sieg der Franco-Truppen für die spanischen Flüchtlingsströme eingerichtet. Ein Jahr später widmen es die Besatzer zum Konzentrationslager für deutsche Juden um, die nach Frankreich emigriert sind.

Am 21. September 1942 werden Heumann und seine Mithäftlinge auf Beschluss des Vichy-Regimes in das Lager Drancy, nordöstlich von Paris, transportiert. Die ehemalige Polizeikaserne ist nach dem Einmarsch der deutschen Truppen im Sommer 1940 von der Wehrmacht beschlagnahmt und von der SS als Durchgangslager für französische und deutsche Juden eingerichtet worden. Zwischen März 1942 und Juni 1943 verlassen zweiundvierzig Konvois mit insgesamt 40 450 Deportierten in Waggons der französischen Eisenbahn SNCF Drancy in Richtung Auschwitz und anderer polnischer Vernichtungslager. Deutsche SS-Wachmannschaften und französische Gendarmen begleiten die Konvois bis zu ihren Zielorten. Siegfried Heumann ist einer der über tausend Häftlinge, die am 25. September 1942 mit dem 37. Konvoi ins Vernichtungslager Auschwitz abtransportiert werden. Er ist siebenundfünfzig Jahre alt geworden.

Um die Jahreswende 1942/43 erhalten alle Betriebsleiter im Deutschen Reich die Mitteilung, dass die von ihnen beschäftigten jüdischen Zwangsarbeiter gegen andere Arbeitskräfte ausgetauscht würden. Mit einer durch das Reichssicherheitshauptamt veranlassten Maßnahme sollen am 27. Februar 1943 auf einen Schlag knapp 76 000 Juden im Reich verhaftet und deportiert werden. In Berlin dauert die Razzia, nach 1945 von den Überlebenden als »Fabrikaktion« bezeichnet, etwas länger als in den übrigen deutschen Städten. Mit der Verhaftung von über zehntausend jüdischen Zwangsarbeitern haben Gestapo, SS und Schutzpolizei in der Reichshauptstadt eine Woche lang zu tun. Dem Protest der Betriebsleiter gegen die Entziehung ihrer Arbeiter kann begegnet werden. Neben Polen und Franzosen gibt es seit Beginn des »Unternehmens Barbarossa« russische Kriegsgefangene und seit der Stilllegung aller nicht kriegswichtigen Betriebe Anfang Februar 1943 weitere Arbeitskräfte in ausreichender Menge. Der Großeinsatz aller Polizeikräfte und der massenhafte Austausch von Werktätigen in der Industrie stellen einen organisatorischen Kraftakt dar, der angesichts der Kriegslage schwer verständlich ist, es sei denn, der Vernichtung der Juden wird höchste Priorität eingeräumt. Neun Tage vor der »Fabrikaktion« hat Goebbels in seiner Sportpalast-Rede »unsere antijüdische Politik« mit einem bezeichnenden Versprecher präzisiert. Deutschland werde sich der »jüdischen Bedrohung« nicht beugen, sondern »ihr rechtzeitig, wenn nötig unter vollkommener und radikalster Ausrott-, -schaltung des Judentums« entgegentreten.

Zu den Deportierten gehört auch Ruth Reinstein, das ehemalige Hausmädchen der Caros. Wahrscheinlich ist sie 1939, wie Kurt Caro, als Zwangsarbeiterin eingesetzt worden. Inwieweit ihr Umzug innerhalb Berlins mit dieser einschneidenden Maßnahme zusammenhängt, bleibt unklar. In der Mordakte vom September 1938 wird ihre Adresse mit Horst-Wessel-Stadt (bis 1933 Friedrichshain), Palisadenstraße 9, bei Malvine Israel, Witwe, angegeben. Die Ergänzungskarte zur Volkszählung vom Mai 1939 nennt als neue Anschrift den Bezirk Weißensee, Berliner Allee 238, bei Sally Bleiweiß. Der Grund für den Umzug kann nicht mit einer »Arisierung« der Palisadenstraße 9 zusammenhängen, denn im Januar 1942 wird ein zweiter jüdischer Untermieter von Malvine Israel, Oskar Stein, nach Riga deportiert. Wann Ruth, die 1937 als Sechzehnjährige ihre Stelle bei den Caros angetreten hat, nach Berlin gekommen ist – als Kind mit ihren Eltern oder später allein –, war nicht zu eruieren.

Von der »Polenaktion« Ende Oktober 1938 ist die in Bydgoszcz (Bromberg) geborene Ruth verschont geblieben. Als Reaktion auf die Anordnung der polnischen Regierung, die Pässe ihrer Staatsbürger, die schon länger als fünf Jahre im Ausland leben, für ungültig zu erklären, hat das Deutsche Reich polnische Juden zu Tausenden an die Grenze abgeschoben. Tagelang haben sie in einer Art Niemandsland vegetiert, bevor sie in polnischen Flüchtlingslagern interniert worden sind. Als aber der »Bromberger Blutsonntag« vom 3. September 1939 die Zeitungen füllt, hat Ruth als stellvertretendes Hassobjekt sicherlich einiges auszuhalten, denn polnische Soldaten und Zivilisten haben drei Tage nach dem Überfall der deutschen Truppen über fünftausend Volksdeutsche massakriert, eine Zahl, die in der reichsdeutschen Presse sofort verzehnfacht wird. Aber totgeschlagen wird Ruth nicht. Während der »Fabrikaktion« wird sie, ebenso wie Sally Bleiweiß und seine Familie, von der Gestapo verhaftet und am 1. März 1943 mit über tausendsiebenhundert weiteren Juden in den Güterzug nach Auschwitz verladen. Ruth Reinstein ist noch jung mit ihren dreiundzwanzig Jahren. Vielleicht wird sie nicht sofort ermordet, sondern im Bordellblock untergebracht.

Nach ihrer Verhaftung anlässlich der »Fabrikaktion« sind die Zwangsarbeiter auf mehrere Sammellager verteilt und dort »sortiert« worden. Um Unruhen vorzubeugen, hat das Eichmann-Referat IV B 4 des Reichssicherheitshauptamts beschlossen, »vorerst« jüdische Partner aus »Mischehen« und »Mischlinge« von der Deportation auszunehmen. Daher gelangt Kurt Caro in das Sammellager Rosenstraße, das im Verwaltungsgebäude der Jüdischen Gemeinde untergebracht ist. Dort drängen sich etwa zwei-

Frida Caro, 1945

tausend »arisch versippte« Menschen auf engstem Raum, darunter eine unbekannte Anzahl von Jugendlichen über vierzehn, die seit der Schließung aller jüdischen Schulen ebenfalls zur Zwangsarbeit rekrutiert werden. In welchem Betrieb die fast fünfzehnjährige Ruth Caro gearbeitet hat, bleibt ungeklärt, aber sie wird ebenfalls in der Rosenstraße eingesperrt. Ob Vater und Tochter sich in dem herrschenden Chaos gefunden haben, steht dahin.

Gewiss hat Frida zu den Frauen gehört, die tagelang in der Rosenstraße für die Freilassung ihrer Angehörigen demonstriert haben. Die Frauen wussten ja nichts von der rettenden Bestimmung oder haben sie nicht für möglich gehalten. Kurts Behauptung, er lebe in einer »Mischehe« und seine Tochter sei zwar »Mischling ersten Grades«, aber evangelisch getauft, bedarf selbstverständlich der behördlichen Überprüfung. Entweder glaubt Frida den sich mehrenden Gerüchten, dass die Insassen der Rosenstraße freigelassen werden sollen, und kämpft sich mit Geburts- und Heiratsurkunde, Taufschein und Wohnungsanmeldung zum zuständigen Gestapo-Beamten durch oder die Richtigkeit von Kurts Angaben wird von der Gestapo beim Polizeirevier und bei anderen Instanzen überprüft. Es steht zu hoffen, dass Frida ihre Tochter schon nach kurzer Zeit wieder in die Arme geschlossen hat. Kurt erhält seinen Entlassungsschein erst nach zehn Tagen Haft mit der Auflage, sich sofort bei der Zentralstelle für Juden um seinen nächsten Arbeitsplatz zu kümmern. Am 9. März teilt ihn die Zentralstelle für drei Wochen der Reichsvereinigung der Juden in Deutschland zu, denn die bisher dort tätigen »Volljuden« sind gleichfalls im Zuge der »Fabrikaktion« deportiert und durch »Privilegierte« ersetzt worden.

Der »unprivilegierte« Kurt ist anscheinend bei der Kontrolle durchgerutscht, zumal der Unterschied auch den eifrigsten Parteigenossen oft unklar bleibt. Auf Befehl des Reichssicherheitshauptamts muss die Reichsvereinigung mit Sitz im Jüdischen Krankenhaus in der Iranischen Straße der Gestapo zur Hand gehen, um die Deportationen zügig zu organisieren. Kurt erhält eine Anstellung als Hausinspektor und Expedient und hat es im Vergleich zu seinen Kollegen und zur Maloche auf dem Bau vorübergehend leichter. Vermutlich muss er für den freien Zugang von Fluchtwegen und Notausgängen sorgen, ein Auge auf die Gebäudetechnik haben, kaputte Glühbirnen und Batterien auswechseln, Päckchen packen und sich um die ausgehende Post kümmern. Doch Anfang April wird Kurt zur Deutschen Reichsbahn abkommandiert, anfangs zum Bautrupp Charlottenburg als Bahnunterhaltungsarbeiter und ab 11. Juni zum Anhalter Bahnhof als Aushilfsgepäckarbeiter. Statt des üblichen Zwangsarbeiterlohns von 0,72 Reichsmark verdient Kurt hier pro Stunde nur noch 0,59 Reichsmark. Vom Anhalter Bahnhof gehen seit Juni 1942 die Transporte nach Theresienstadt im Protektorat Böhmen ab. An Kurts sechstem Arbeitstag als Gepäckarbeiter, dem 16. Juni 1943, quillt, eskortiert von Polizei und SS, eine unüberschaubare Gruppe von alten und gebrechlichen »Sternträgern«, es sind vierhundertdreißig Menschen, in den Bahnhof. Auch Juden aus aufgelösten »Mischehen« und Kinder unter vierzehn sind darunter. Sie alle werden in einem geschlossenen Sonderzug abbefördert. Anfangs können weder Kurt noch die »Reisenden« wissen, dass sich hinter der sedierenden Bezeichnung »Altersghetto« ein Lager verbirgt, in dem Zehntausende sterben werden und das für etwa achtzigtausend Insassen nur eine Zwischenstation vor dem Weitertransport in die polnischen Vernichtungslager darstellt. Doch die Gerüchte häufen sich, allmählich sickert die Wahrheit durch, und den »Sternträger« Kurt, der Tag für Tag Gepäckstücke hin- und herschleppt, muss die Angst zerfressen haben.

In keiner der zahlreichen Verordnungen zum Reichsbürgergesetz von 1935 ist der Status »arisch versippter« Juden festgeschrieben. Noch werden sie von den Deportationen zurückgestellt, aber wie lange noch? Wäre Kurt vollkommen schutzlos, wenn Frida sich von ihm scheiden ließe? »Deutschblütige« Ehepartner werden immer massiver unter Druck gesetzt und deren Scheidungsanträge ohne bürokratische Hemmschwellen genehmigt. Aber Frida denkt nicht daran, sich von ihrem Mann zu trennen, auch wenn ihr Leben dadurch, zumindest an der Oberfläche, um einiges leichter würde und ihr manche Demütigung erspart bliebe. Ihre Einkäufe darf sie nur zwischen 16 und 17 Uhr erledigen, außer in Läden, die mit ihrer Beschilderung – »Kein Verkauf an Juden und kein Verkauf an Personen, die für Juden einkaufen wollen« – den Zutritt verbieten. Die mit Kriegsbeginn für die Gesamtbevölkerung eingeführten und für »Nichtarier« geschmälerten Lebensmittelkarten werden ab 1942 für »Sternträger« zum zweiten Mal zusammengestrichen. Frida bekommt für ihre Familie kein Fleisch und kein Weißbrot mehr, keine Milch, keine Zigaretten, und sogenannte »Mangelware« schon gar nicht. Schummeln ist unmöglich, die Karten tragen den großen J-Stempel.

Kurt verlässt jeden Morgen um 6 das Haus und kommt abends um 8 erschöpft zurück. Seine Frau muss den Alltag allein bewältigen. Ob ihr wenigstens das laut J-Kohlenkarte zustehende Kontingent an Briketts bis zur Haustür geliefert wird? Brennholz ist für ihresgleichen zu kostbar und darum gestrichen. Es gerät mehr und mehr zum Kunststück, die Öfen in Gang zu bringen. Immerhin kann die »sternlose« Frida am Kiosk noch Zeitungen kaufen. Als sich die Bombenangriffe häufen, darf sie sich mit ihrer Familie unter keinen Umständen in einen »arischen« Luftschutzkeller flüchten. Tochter Ruths Zwangseinsätze scheinen sich mit Pausen abzuwechseln. Zumindest ist überliefert, dass ihre Mutter sie zur Kartenstelle 13 in der Heinrich-Roller-Straße geschickt hat, damit sie die neue Lebensmittelkarte abholt. Das Mädchen mit dem Stern kommt nicht wieder nach Hause. Frida, außer sich vor Angst, sucht sie überall. Schließlich findet sie die Fünfzehnjährige im Sammellager Große Hamburger Straße, kann sie freikämpfen und wieder mitnehmen. Wie viel zähe Tapferkeit mag diese Aktion Frida abverlangt haben. Bis das Gebäude 1942 von der Gestapo beschlagnahmt worden ist, hat es hundert Jahre lang das Jüdische Altersheim beherbergt, und seit 1933 ist dort Rabbi Martin Riesenburger der zuständige Seelsorger gewesen. Nun werden dort die Transporte nach Theresienstadt und Auschwitz zusammengestellt.

SECHSTES KAPITEL
Die Illegalen

Walter und Werner Caro werden bei der »Fabrik-aktion« Ende Februar 1943 nicht verhaftet, denn Alfred Hanne, Inhaber der Blechfabrik in Weißensee, hat »seine« Zwangsarbeiter rechtzeitig gewarnt. Nicht alle Firmen-chefs haben sich durch die seit Oktober 1941 angedroh-te dreimonatige »Schutzhaft« für »öffentlich gezeigte freundschaftliche Beziehungen zu Juden« einschüchtern lassen. In Berlin flüchten vorgewarnte »Sternträger«, da-runter Walter und Werner, in den Untergrund. In seinem Tagebucheintrag vom 2. März ärgert sich Minister Goeb-bels darüber, dass »uns« durch vorzeitigen Verrat »eine Menge von Juden durch die Hände gewischt sind«.

Beide Brüder gehören nun zu den etwa viertausend in die Illegalität abgetauchten Zwangsarbeitern in Berlin, die sich selbst sarkastisch als »U-Boote« bezeichnen. Ihre fest aufgenähten Sterne lösen sie so behutsam von Jacken und Mänteln ab, dass keine verräterischen Spuren zurückblei-ben. Walter und Werner haben ihre Flucht gut vorbereitet. Schon im Januar hat sich Werner für 300 Reichsmark einen »arischen« Werksausweis der Firma Deutsche Blitz-Funk AG besorgt und heißt nun Werner Carls. Fünf Monate lang lebt er versteckt in der Wohnung eines Walter Salo-mon im Bezirk Kreuzberg, Köpenicker Straße 50, eine Be-kanntschaft, über die nichts herauszufinden war. Was für einen Ausweis sich sein Bruder Walter organisiert hat, ist

Werner Caro, 1945

nicht bekannt, wohl aber, dass er seit der »Fabrikaktion«
bei Else und Charlotte Glückstein wohnt. Die Wahl des
Verstecks verblüfft. Da die Trautenaustraße 8 in den Unterlagen der Volkszählung schwarz auf weiß als »Verzugsadresse« des »volljüdischen« Werner geführt wird, müsste
die Wohnung als Fluchtort längst »verbrannt« sein. Aber
Walter lebt dort, anscheinend unbehelligt, sieben Monate
lang. Vielleicht heißt er nun Walter Carls.

Die falschen Papiere stammen vom »U-Boot« Rolf
Isaaksohn, den die Brüder im Januar 1943 kennengelernt
haben. Isaaksohn ist ein attraktiver junger Mann, der sich
als Passfälscher und – mit gefälschtem Ausweis – sogar
als Komparse in der Staatsoper durchschlägt und sich den
Decknamen von Jagow zugelegt hat. Mit seinem brünet-
ten Teint und blauschwarzen Haar, den grünen Augen
und makellos weißen Zähnen gibt er sich wahlweise mit
charmantem Lächeln als Italiener aus. Vielleicht hat er sogar einen Pass der befreundeten Achsenmacht in Reserve.

Jedenfalls ist die italienische Eisdiele am Rosenthaler Platz, ein geheimer Knotenpunkt des Untergrundnetzes, sein bevorzugtes Revier für den Handel mit falschen Papieren. Eine Weile lang jongliert er so kaltblütig mit seinen diversen Rollen, als mache ihm das Ganze Spaß. Andere »U-Boote« und sogar die Gestapo mögen auf das Maskenspiel hereinfallen, doch dahinter steckt ein desorientierter Einundzwanzigjähriger, der durch einen barbarischen Akt sein inneres Gleichgewicht restlos verloren hat. Am 9. Dezember 1942 sind seine Eltern und sein jüngerer Bruder ins Vernichtungslager Auschwitz verschleppt und dort ermordet worden. Der eigenen Verhaftung muss Isaaksohn durch einen Zufall entgangen sein. Das Übermaß an Schmerz, Angst und Wut werden aus ihm in den Monaten danach einen anderen Menschen gemacht haben. Aber erst einmal bahnt sich zwischen Rolf Isaaksohn und Walter Caro eine Geschäftsbeziehung an, die von März bis Juli 1943 andauert.

Gerüchte fliegen mit rasender Geschwindigkeit durch den Untergrund. »Mundfunk« heißt das in der Sprache der »U-Boote«. Walter Caro folgt dem Gerücht, dass der Arzt Georg Groscurth Juden versteckt und falsche Papiere für sie kauft, und besucht ihn in seiner Charlottenburger Praxis in der Ahornallee 10. Der Retter und das »U-Boot« werden handelseinig. Isaaksohn fälscht für Walter fünf braune OKW-Ausweise. Es war nicht möglich herauszufinden, um welche Art von Ausweisen es sich konkret gehandelt hat. Vielleicht sind sie vom Amt Wehrmachtnachrichtenverbindungen des Oberkommandos der Wehrmacht (OKW), wofür der Aufdruck »Funk« auf einem der fünf Ausweise spräche, oder von einer anderen Wehrmachtdienststelle, deren zivile Angestellte und Arbeiter durch die braune Farbe der Dienstausweise kenntlich sind. Der Arzt zahlt für jeden der fünf Ausweise 350 Reichsmark an seinen Lieferanten, der 50 Reichsmark behält und 300 Reichsmark an den Fälscher weitergibt, der wohl wiederum einen Teilbetrag dem Beschaffer der Blankoformulare zuschiebt. Groscurth zahlt jeweils im Voraus und übergibt Caro mit dem Geld die notwendigen Passfotos. Die fertigen Ausweise sind nicht über jeden Zweifel erhaben, aber doch so gut gefälscht, dass der Inhaber bei einfachen polizeilichen Kontrollen innerhalb Deutschlands damit durchkommt.

Der erste OKW-Ausweis mit dem Aufdruck »Funk« ist für eine Else Lindemann bestimmt. Er soll ihr nicht lange von Nutzen sein. Im August wird die Fünfundfünfzigjährige verhaftet und wenig später nach Theresienstadt deportiert. Im Mai und Juni liefert Caro zwei Ausweise für ein jüdisches Ehepaar, dessen Name unbekannt geblieben ist. Die letzten beiden Ausweise, die der Zwischenhändler im August für ein Ehepaar Michailowitsch bei Groscurth abgibt, können jedoch nicht vom selben Fälscher stammen. Rolf Isaaksohn ist am 3. Juli wegen »Verstoßes gegen die Judenvorschriften« verhaftet und im Sammellager Große Hamburger Straße interniert worden. Möglicherweise hat Walter Caro in der Zwischenzeit Cioma Schönhaus alias Peter Petrov alias Günter Roloff alias Hans Brück kennengelernt, einen der meistbeschäftigten Passfälscher im Berliner Untergrund, dem es Anfang Oktober 1943 gelingt, über die grüne Grenze in die Schweiz zu flüchten.

Der Dozent Dr. med. habil. Georg Groscurth ist nicht nur niedergelassener Facharzt für innere Krankheiten, sondern zugleich Oberarzt am Robert-Koch-Krankenhaus in Berlin-Moabit. Sein berühmtester Privatpatient ist, bis zu dessen verunglücktem Schottlandflug im Mai 1941, der Stellvertreter des Führers, Rudolf Heß, gewesen. Der wird nicht geahnt haben, dass der Arzt seines Vertrauens schon seit den dreißiger Jahren zu »Kunzes Kaffee-Salon«, einem Treffpunkt von Nazigegnern im Moabiter Krankenhaus, gehört, dass Groscurth wehrdienstfähigen Männern Medikamente verabreicht, die Untauglichkeit vortäuschen, und dass er Untergetauchte in seiner Wohnung und im Krankenhaus versteckt. Zusammen mit dem Zahnarzt Paul Rentsch und dem Architekten Herbert Richter gehört er zum engsten Freundeskreis des Chemikers Robert Havemann. Aus diesem Kreis geht Mitte Juli 1943 die Widerstandsgruppe Europäische Union hervor, deren Anhänger den Kontakt zu ausländischen Zwangsarbeitern und dem sowjetischen Nachrichtendienst suchen. Ihr utopisches Programm hat den Sturz der Diktatur und ein geeintes sozialistisches Europa zum Ziel. Es ist unwahrscheinlich, dass Walter Caro über die Widerstandsgruppe Bescheid weiß. Der Arzt dürfte kaum so leichtsinnig gewesen sein, den ihm nur flüchtig bekannten Lieferanten einzuweihen.

Am 3. September wird die Europäische Union enttarnt, und jählings endet der Ausweishandel. Über fünfundvierzig Mitglieder und sonstige Verdächtige nimmt die Gestapo fest. Als einer der Ersten wird am 4. September Georg Groscurth mit seiner Frau Anneliese während eines Aufenthalts in Hessen verhaftet und im Hausgefängnis

der Gestapo-Zentrale in der Prinz-Albrecht-Straße 8 –
der meistgefürchteten Adresse Berlins – inhaftiert. Hier
ist Folter an der Tagesordnung. Sie reicht von Dunkelhaft
und Schlafentzug über die Verabreichung von Drogen
bis zu körperlicher Gewalt in ihrer schlimmsten Form.
Zuständig für die in der Regel neun- bis zehnstündigen
Verhöre sind Gestapo-Beamte aus dem Amt IV A 2 des
Reichssicherheitshauptamts. Das Amt IV ist für Gegner-
Erforschung und -Bekämpfung zuständig und das Referat
A 2 für die Abwehr und Bekämpfung von Sabotage und
politischem Fälschungswesen. Den brutalen Methoden
der Gestapo-Verhöre hält kaum jemand stand. »Aus dem
Hausgefängnis vorgeführt«, gibt Georg Groscurth am
7. September, nachdem seine Vernehmung am Vortag um
21.30 Uhr »abgebrochen« werden musste, zu Protokoll:
»Im März dieses Jahres kam ein Jude namens Walter, der in
der Gegend um den Bayerischen Platz herum wohnte, in
meine Sprechstunde.« Groscurth zählt auf, wann der Jude
»mit dem Decknamen Walter« ihm welche Ausweise für
welche Personen zu welchem Preis gebracht habe.

Am 7. September 1943 wird Walter Caro verhaftet,
am selben Tag also, an dem die Gestapo Groscurth seinen Vornamen und eine sehr ungefähre Adressenangabe
abpresst. Die Häscher müssen jedoch Groscurths Teil-
geständnis zuvorgekommen sein. Schon um 6 Uhr früh
stehen sie vor der Wohnungstür in der Trautenaustraße.
Walter ist denunziert worden. Heute weiß niemand mehr,
von wem. Zusammen mit Walter wird auch Charlotte
verhaftet. Der ihr zur Last gelegte Straftatbestand lautet
»Beherbergung eines Volljuden«. Ihre Mutter Else kommt
davon; sie ist seit ein paar Tagen bei Freunden in Dresden.

Hat ein Nachbar das Ohr an die Wohnungstür gelegt, eine Nachbarin hinter ihrer Gardine zugesehen, wie die Verhafteten abgeführt werden? Haben sie Angst, Mitleid oder Schadenfreude empfunden?

In der Gestapo-Zentrale werden Walter und Charlotte erkennungsdienstlich erfasst. Je drei Portraitfotos zeigen die beiden im Profil, von vorn und im Halbprofil. Auf dem jeweils ersten Foto ist die zuständige Dienststelle Geheimes Staatspolizeiamt (Gestapa), Jahr und Monat der Aufnahme und die laufende Häftlingsnummer aufgeführt. Die Fotos mit der Nummer 486 sind wohl die einzigen, die heute noch von Walter Caro existieren. Er hat sich noch anziehen, aber nicht mehr rasieren dürfen. Er sieht älter aus als seine vierundvierzig Jahre. Die Zwangsarbeit und das Leben in der Illegalität haben tiefe Falten in das abgemagerte Gesicht gegraben. Er hat nun kaum noch Haare auf dem Kopf. Angespannt und angstvoll blickt der Häftling in die Kamera. Seine Augen scheinen zu wissen, was kommt. Wie anders dagegen Charlotte. Aus dem Schlaf gerissen und ungeschminkt, sieht sie ihrem raffiniert abschattierten Atelierfoto kaum noch ähnlich. Das vom Scheinwerferlicht grell beleuchtete breitflächige Gesicht, mit einigen Pickeln oder kleinen Warzen behaftet, könnte das einer Bäuerin sein. Aber ihre Physiognomie unterscheidet Charlotte von all jenen Gestapo-Fotos, auf denen Opfer wie Opfer aussehen. Charlotte guckt so spöttisch, als würde sie im nächsten Augenblick den Tätern ins Gesicht lachen.

Am 7. September, als Walter und Charlotte von der Gestapo abgeholt werden, hat Walters Schwägerin Frida Geburtstag. Zwei Tage später wird ihr Mann Kurt verhaftet, zu Hause, ebenfalls am frühen Morgen. Frida und Ruth Caro im Nachthemd, mit hastig übergeworfenen Bademänteln, klammern sich an Kurt fest oder weinen oder stehen entsetzensstarr in der Wohnungstür. Hinter den übrigen Wohnungstüren des »Judenhauses« ist es mucksmäuschenstill. Bloß nicht der Nächste sein. Die Beamten bringen Kurt zum Verhör – wohin? Frida sucht ihn tagelang: in der gefürchteten »Abteilung II Judenangelegenheiten« in der Burgstraße 28/29, wo sie geohrfeigt und weggejagt wird, im Sammellager Große Hamburger Straße, im Gefängnis am Alexanderplatz und noch einmal in der Burgstraße. Niemand sagt ihr, dass die Gestapo Kurt in die Prinz-Albrecht-Straße verschleppt hat. Auf den erkennungsdienstlichen Fotos sieht der Achtundvierzigjährige wie sechzig aus. Der Ausdruck in seinem Gesicht ist resigniert und misstrauisch, leicht verächtlich sogar. Obwohl Polizeibeamte den mit Handschellen Gefesselten zehn Stunden lang verhören und foltern, auf dass er das Versteck seines Bruders Werner verrate, bleibt Kurt standhaft und schweigt. Vier Wochen Haft im Polizeigefängnis am Alexanderplatz sind die Folge. Die Gepäckabfertigung im Anhalter Bahnhof muss eine Zeitlang auf ihren Zwangsarbeiter verzichten.

Über die nächsten Tage und Wochen im Leben Walter Caros gibt die Aktenlage nichts her. Ihm wird es ähnlich ergangen sein wie seinem Bruder. Stundenlange Verhöre in der Gestapo-Zentrale, um aus ihm die Namen des Fälscherrings sowie weiterer Mitglieder und Sympathisanten der Europäischen Union, von der er doch gar nichts weiß, herauszuprügeln. Irgendwann geben die Folterer auf und sperren Walter ins Sammellager in der Großen Hamburger

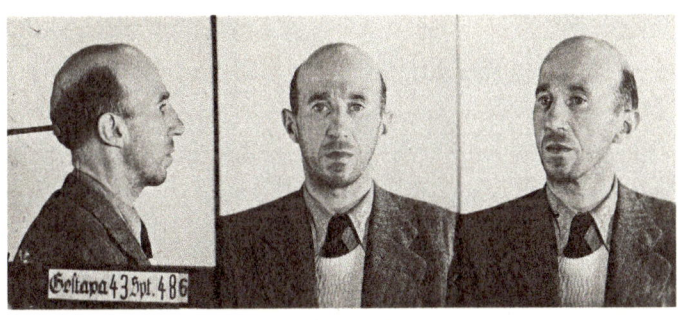

Walter Caro, Charlotte Glückstein und Kurt Caro
Erkennungsdienstliche Fotos, 1944

Straße, den Vorhof zu Auschwitz. Es versteht sich, dass all dies ohne Haftbefehl, Anklageschrift und Gerichtsurteil abläuft. Seit der »Dreizehnten Verordnung zum Reichsbürgergesetz« vom 1. Juli 1943 haben Juden jeden Anspruch auf Rechtsschutz verloren. Sie unterstehen nun ausschließlich der Polizeigewalt, die darin besteht, zu verhaften, zu foltern und zu deportieren.

Aus der für Charlotte ausgestellten »Schutzhaft«-Karteikarte und anderen Dokumenten geht hervor, dass sie nach Kreuzverhören in der Prinz-Albrecht-Straße ins Polizeigefängnis am Alexanderplatz überführt und von dort ins Gerichtsgefängnis Berlin-Charlottenburg, Kantstraße 79, eingeliefert worden ist. Im Aufnahmebuch dieses Frauengefängnisses ist »Glückstein, Scharlotte« mit der Häftlingsnummer 334.43 am 20. Oktober eingetragen und am 15. November wieder ausgetragen worden. »KZ beantr.« ist mit Bleistift auf ihrer Karteikarte vermerkt. Dem Antrag wird stattgegeben und Charlotte vorerst ins Straflager 21 in Hallendorf bei Braunschweig abtransportiert.

Am 16. Dezember 1943 werden die Hauptangeklagten Robert Havemann, Georg Groscurth, Herbert Richter und Paul Rentsch »Im Namen des Deutschen Volkes« wegen Vorbereitung zum Hochverrat zum Tode verurteilt. Die Urteilsbegründung, die vom Präsidenten des Volksgerichtshofs, Roland Freisler, und dem beisitzenden Richter, Hans-Joachim Rehse, unterschrieben ist, bezeichnet die Verurteilten als »entartete Intellektualisten«, die »im Salonbolschewismus und ähnlichen Dekadenzerscheinungen sich schamlos herumwälzen«. Mit Bezug auf den Juden Walter Israel Caro heißt es: »Merkwürdig, was für jüdisches und kommunistisches Pack sich gerade immer bei diesen Angeklagten einfand, und in was für Gespräche dies Pack mit ihnen kam!« Zahlreiche Zuchthausstrafen werden verhängt, insgesamt vierzehn Todesurteile vollstreckt. Georg Groscurth stirbt am 8. Mai 1944 durch das Fallbeil. Robert Havemann hat Glück. Die Vollstreckung des Urteils gegen ihn wird wegen seiner »kriegswichtigen« Forschungsarbeiten bis zum Ende des Krieges ausgesetzt.

SIEBTES KAPITEL
Die Verräter

Im Sammellager in der Großen Hamburger Straße trifft Walter Caro den ehemaligen Passfälscher Rolf Isaaksohn wieder. Beide warten auf ihren Abtransport nach Auschwitz. Beide sind denunziert worden. Caros Verräter ist unbekannt. Isaaksohns Verräterin ist Jüdin.

Um der etwa viertausend Juden habhaft zu werden, die dem Staat bei der Fabrikaktion »durch die Hände gewischt sind«, ist von der Gestapo ab März 1943 ein zusätzlicher jüdischer Fahndungsdienst aufgebaut worden, der nach und nach auf über zwanzig Spitzel anwächst. Das Konzept ist ebenso zynisch wie brillant. Niemand kennt die Welt der »U-Boote« so gut wie die »U-Boote« selbst. Die Verlockung ist groß. Erfolgreiche Spitzel sollen, wie ihre Angehörigen auch, entweder gar nicht deportiert oder höchstens ins Altersghetto Theresienstadt verbracht werden. Die Folgen sind zerstörerisch. Überleben um den Preis des Verrats – die Psyche von Opfern, die zu Tätern werden, muss bis zur Fühllosigkeit gefrieren, muss sich mit der ihrer Peiniger auf eine Stufe stellen, um diese Umwertung aller Werte auszuhalten. In der Sprache der »U-Boote« heißen sie »Greifer«.

Der jüdische Fahndungsdienst ist im Sammellager in der Großen Hamburger Straße untergebracht. Dessen Leiter, der sechsunddreißigjährige Kriminaloberassistent Walter Dobberke, untersteht dem Judenreferat IV D 1 in

Walter Dobberke, etwa 1939

der Staatspolizeileitstelle Berlin. Dobberke hat im Auftrag des Referats die Deportationen aus dem Sammellager und den neuen Fahndungsdienst zu organisieren. Zu dessen Spitzeln gehört Inge Lustig, der am 3. Juli 1943 ein Doppelschlag gelingt. Mit Rolf Isaaksohn kann auch Stella – geborene Goldschlag, verwitwete Kübler, später verheiratete Isaaksohn – gefasst werden. Auch ihr hat der Passfälscher einen OKW-Ausweis verschafft. Stellas Mann, der Musiker Manfred Kübler, ist nach der »Fabrikaktion« verhaftet und am 3. März nach Auschwitz deportiert worden. Zwei Tage später ist der Einundzwanzigjährige tot. Stellas Eltern leben noch, wenn auch auf Widerruf im Sammellager. Dobberke rekrutiert Rolf und Stella mit Drohungen und Versprechungen. Isaaksohn ist für ihn besonders interessant, denn der kennt durch seine Arbeit als Passfälscher die wirklichen und falschen Namen zahlreicher »U-Boote«. Er weiß, wo sie sich verstecken und wo sie sich heimlich treffen.

Stella und Rolf arbeiten ab November 1943 als erfolgreiches »Greiferpaar«. Im Gegensatz zu Stella hat ihr Partner nichts mehr zu verlieren. Seine Eltern und sein Bruder sind längst tot. Wie kommt es, dass er sich nicht nur aus Angst um das eigene Leben als Spitzel verdingt, sondern dass ihn seine neue Existenz regelrecht zu beflügeln scheint? Um Rolf Isaaksohn – wie auch um Stella – ist manche Legende gesponnen worden. Eine davon verlockt dazu, ein Schlaglicht auf seine innere Verfassung werfen. Es ist die Legende von dem auffälligen grünen Ledermantel, den ein durch Isaaksohn denunzierter Jude bei seiner Festnahme angehabt haben soll. Den trägt nun der »Greifer«. Die Neuigkeit rast durch den »Mundfunk« wie ein Buschfeuer. Wer auch immer den Mann in Grün von weitem erblickt, sieht zu, dass er verschwindet. Das ist Isaaksohn egal. Er weiß ja, wo er seine Opfer findet. Er ist keine eins siebzig groß, aber der Mantel erhebt ihn über seine ehemaligen Leidensgefährten. Der Mantel ist Mimikry und Zeichen der Macht. Auch der Filzhut à la Gestapo passt zum Kostüm. Der »Greifer« ist ohne »Judenstern« unterwegs. Jederzeit kann er seinen ebenfalls grünen, von der Staatspolizeileitstelle Berlin abgestempelten Ausweis vorweisen, der ihn zur Festnahme von Juden berechtigt. Auch Handschellen hat er dabei, und Mitte oder Ende 1944 bekommt er sogar eine Pistole. Im Februar 1944 sind Stellas Eltern, Gerhard und Tony Goldschlag, nach Theresienstadt überführt worden. Dass sie im Oktober von dort nach Auschwitz abtransportiert werden, können Stella und Rolf nicht wissen, als sie im selben Monat heiraten. Sie sind so jung und vielleicht gerade deshalb so erfolgreich. Sie denken nicht nach. Sie fühlen nicht mit. Es ist wie ein

Stella Goldschlag und
Rolf Isaaksohn, 1944

Spiel. Manchmal sehen sie weg. Manchmal lassen sie sich
bestechen. Manchmal erpressen sie. Manchmal warnen sie
ein »U-Boot« sogar. Immer sind sie Herrscher über Leben
und Tod.

Auch der »Greifer« Günther Abrahamsohn ist erst
Anfang zwanzig. Lagerleiter Dobberke beauftragt ihn
zusätzlich mit Recherchen, die der Aktualisierung der
»Judenkartei« dienen sollen. Zahlreiche Namen und
Adressen bedürfen der Korrektur. Sie sind durch die Er-
eignisse – Flucht, Bombenangriffe, Tod – veraltet. Abra-
hamsohn lebt relativ freizügig außerhalb des Lagers. Das
Wohnungsamt hat ihn schon 1942 zur Untermiete beim

Krankenbehandler Hillel Abramsohn, dem ehemaligen Hausarzt der Caros, einquartiert. Als dem Arzt, inzwischen fünfundsechzig Jahre alt, zu Ohren kommt, dass sich sein Untermieter als Gestapo-Spitzel betätigt, durchsucht er heimlich dessen Zimmer und findet tatsächlich Unterlagen über zu verhaftende »U-Boote«. Abramsohn redet Abrahamsohn so lange ins Gewissen, bis der »seine« Juden freiwillig warnt und sogar Fluchtversuche aus dem Sammellager deckt. Vielleicht hätte der alte Mann auch Stella und Rolf Isaaksohn zur Umkehr bewegen können – aber er ist ihnen nie begegnet.

Walter Caro wird gar nicht erst gefragt, ob er sich als Spitzel verdingen will. Vorausgesetzt, er hätte gewollt, er hätte nicht gedurft. Seine Deportation steht außer Frage. Schließlich hat er einer »illegalen Organisation auf kommunistischer Grundlage«, die sich der Vorbereitung des Hochverrats und der Wehrkraftzersetzung schuldig gemacht hat, falsche Papiere beschafft. Die Prozesse gegen die Europäische Union ziehen sich bis ins Frühjahr 1944, und Walter Caro wird immer wieder zu Verhören in die Prinz-Albrecht-Straße gebracht, um vielleicht doch noch zusätzliche Namen und Informationen aus ihm herauszufoltern. Seine Zelle im Sammellager Große Hamburger Straße befindet sich im Dachgeschoss, wo Juden, gegen die noch ermittelt wird und die daher vorerst vom Abtransport zurückgestellt werden, untergebracht sind. Anfang März 1944 verlegt man die Insassen, einschließlich der jüdischen Spitzel, in ein anderes Sammellager der Gestapo im Bezirk Wedding. Das neue Lager gehört zum Komplex des Jüdischen Krankenhauses und ist in der ehemaligen

Pathologie untergebracht. Im Pförtnerhaus residiert Lagerleiter Walter Dobberke. Beide Gebäude sind durch eine mit Stacheldraht bewehrte Mauer vom übrigen Gelände abgetrennt. Der Eingang zum Krankenhaus liegt in der Iranischen Straße, der zum Lager um die Ecke in der Schulstraße. Auf der »Schutzhaft«-Karteikarte Rolf Isaaksohns findet sich die ungelenke Bleistiftnotiz: »wird später nach Theresienstadt evakuiert z. Zt. Schulstr 78«. Walters Transport nach Auschwitz ist beschlossene Sache, so dass man ihn mit anderen »geklärten Fällen« im ehemaligen Leichenkeller einschließt.

Seit den Verhaftungen von Walter, Charlotte und Kurt stehen die Wohnungen in der Trautenaustraße und der Schönhauser Allee unter ständiger Beobachtung. Zu jeder Tages- und Nachtzeit müssen Else Glückstein und Frida Caro damit rechnen, von der Gestapo heimgesucht und verhört zu werden. Die will nur eines wissen: Wo ist der dritte Bruder? Wo ist Werner Caro? Er wird verraten werden, aber nicht von ihnen.

Im Juli 1943 wechselt Werner sein Versteck. Er wohnt nicht länger bei Walter Salomon, sondern zur Untermiete bei einer Frau Lamberty in Wilmersdorf, Giesebrechtstraße 17. Frau Lamberty schöpft keinen Verdacht, denn Werner zeigt ihr seinen falschen Werksausweis und behauptet, er sei ausgebombt. Die neue Bleibe verschafft ihm Heinz Groß, der dort ebenfalls ein Zimmer hat. Zwischen Werner und dem dreizehn Jahre jüngeren »Arier« entwickelt sich eine enge Freundschaft. Bis vor kurzem noch hat Heinz Groß in der Parfümerie Schwarzlose als Geschäftsführer gearbeitet. Aber durch die Anfang

Februar 1943 vom Reichswirtschaftsminister angeordnete Stillegung aller nicht kriegswichtigen Betriebe sind auch Fabrik, Großhandel und sämtliche Verkaufsfilialen der Firma Schwarzlose geschlossen worden. Parfums, Seifen und Kosmetika haben »keine Daseinsberechtigung mehr, bis der Sieg errungen ist«. Zweck der Maßnahme ist es, alle verfügbaren Arbeitskräfte für den »kriegswichtigen Einsatz« freizustellen. Heinz Groß muss, obwohl erst achtundzwanzig Jahre alt, weder zur Wehrmacht noch in einen Rüstungsbetrieb, denn er leidet an einer ärztlich bescheinigten Lungenkrankheit. Seine Tante, Clara Rosenberg, hat bis zur »Stillegungsverfügung« ein Seifen-Engros-Geschäft in Berlin-Neukölln betrieben.

Trotz des mit der Stillegung einhergehenden strikten Verbots, noch am Lager befindliche Waren zu verkaufen, ist Clara Rosenberg nicht die Einzige, die gegen diese Auflage verstößt. Die Anordnung des Wirtschaftsministers setzt vielmehr einen munter sprudelnden Schwarzhandel in Gang. Der arbeitslose Heinz deckt sich bei Tante Clara mit Rasierklingen, Schnürsenkeln, Lippenstiften, Rasierapparaten und Parfums ein, übernimmt die Waren in Kommission, verkauft sie unter der Hand und bringt der Tante ihren Anteil vorbei. Anfang Januar 1944 wird Claras lungenkranker Neffe mit Genehmigung der Reichsärztekammer in das Schweizer Kantonspital in Chur überwiesen und übergibt seinem Freund Werner Caro den gut eingeführten Schwarzhandel. Werner ist ein ehrlicher Mann und führt akribisch Buch über jeden Geschäftsvorgang. Aus seiner täglichen Abrechnung in einer »Durchschreiber«-Kladde geht hervor, dass er seine Gewinne fifty-fifty mit dem abwesenden Freund zu teilen gedenkt.

»Mein Anteil« oder »Dein Anteil« notiert er unter jeden Tagesverdienst. Jetzt kann sich Werner auch die Lebensmittelmarken leisten, die bei Aschinger am Rosenthaler Platz für viel Geld den Besitzer wechseln.

Seine lukrativsten Geschäfte macht Werner mit dem Drogisten Joachim Burse. Wie dieser später aussagen wird, »bot sich mir [1938/39] die Gelegenheit, ein einschlägiges Geschäft von einem Juden in der Nürnberger Straße 43 zu übernehmen. Dieses Geschäft hatte ich mit dem gesamten Warenbestand übernommen.« Da das Gebäude im November 1943 durch »Feindeinwirkung« zerstört wird, darf Burse seine »arisierte« Drogerie paradoxerweise in die stillgelegte Schwarzlose-Filiale in der Joachimstaler Straße 41 verlegen. Dort verkauft ihm Werner Schnürsenkel und Rasierklingen – beides markenpflichtige Artikel – in großen Mengen, die der Drogist gewinnbringend unterm Ladentisch weiterverkauft. Aber auch an anderer Ware ist Burse interessiert. Durch seinen Freund Heinz Groß hat Werner den Schweden Gösta von Koch kennengelernt, dem er zwei aus unklarer Quelle stammende Ringe für insgesamt 17 400 Reichsmark abkauft. Den Goldring wird er für 2500 Reichsmark an Burse los; den Brillantring verkauft er an Clara Rosenberg für 15 500 Reichsmark. Werners Reingewinn von 600 Reichsmark nimmt sich angesichts dieser Beträge eher bescheiden aus. Sein zweiter Schmucklieferant ist der Obergerichtsvollzieher Carl Schmidt, den Heinz Groß schon als Kind gekannt hat. Aus seinen Zwangsvollstreckungen oder der Einziehung jüdischer Vermögen hat Schmidt ein Speisezimmer und diverse Möbelstücke für die Mutter von Heinz abgezweigt und sich von ihr bezahlen lassen. Zwei Ringe und eine

Uhr – aus jüdischem Vorbesitz? – verkauft er für insgesamt 6845 Reichsmark an Werner, der sie für die krumme Summe von 7111,75 Reichsmark an Burse weitergibt. Der Reingewinn des Zwischenhändlers beträgt diesmal 266,75 Reichsmark.

Vor seiner Ausreise in die Schweiz hat Heinz seinen Freund noch mit dem Arzt Paul Reckzeh bekannt gemacht, von dem Werner des Öfteren Medikamente – für den Schwarzmarkt? – bezieht. Einmal kauft ihm Reckzeh drei Pfund Speck für 250 Reichsmark ab. Am Donnerstag, dem 11. Mai 1944, trifft sich Reckzeh mit Werner um 15 Uhr im Hotel Stefani am Kurfürstendamm, Ecke Bleibtreustraße, auf einen Kaffee. Dann fragt Werner den Arzt, in welche Richtung er jetzt gehe. Nach links. Ach, sagt Werner, ich auch. Woraufhin Reckzeh plötzlich einfällt, dass er nach rechts muss, die Richtung wechselt und auf dem Ku'damm verschwindet. Werner wird es unheimlich zumute, so dass er schnellen Schrittes in die Bleibtreustraße einbiegt, aber zu spät. Schon nach etwa zehn Metern klopfen ihm zwei Gestapo-Beamte in Zivil auf die Schulter. Die Bleibtreustraße ist so belebt, dass einige Passanten gesehen haben müssen, wie die beiden Gestapo-Leute Werner an den Oberarmen gepackt und in ihren Pkw geschoben haben. Nach einer Zwischenstation im nahegelegenen Polizeirevier in der Grolmannstraße geht es mit der Grünen Minna zur Staatspolizeileitstelle am Alexanderplatz.

Hier wird Werner dem Leiter des Judenreferats, Kriminalrat und SS-Sturmbannführer Erich Möller, vorgeführt. Wo hat sich der Jude Caro bisher versteckt? Adressen! Wovon hat er gelebt? Einzelheiten! Woher stammen die

Erich Möller, 1944

zehntausend Rasierklingen in der Gepäckaufbewahrung am Bahnhof Zoo? An wen will er sie verschachern? Den Hinterlegungsschein hat die Gestapo bei der Leibesvisitation in Caros Brieftasche gefunden. »Ich bekam während der Vernehmung von Möller Ohrfeigen«, wird Werner Jahre später zu Protokoll geben, »mußte meine beiden Hände mit gespreizten Fingern senkrecht vorhalten, während Möller mir zwischen den Fingern lange Stäbe legte und dann die gespreizten Finger zusammendrückte«. Am späten Abend wird das Verhör abgebrochen und Werner noch in derselben Nacht ins Sammellager Schulstraße eingeliefert. Dort erreicht ihn mit der von einem Obergerichtsvollzieher Reinhold Muschall ausgestellten Zustellungsurkunde die Verfügung, dass laut Gesetz über die Einziehung volks- und reichsfeindlichen Vermögens das Vermögen des Juden Werner Israel Caro zugunsten des Deutschen Reiches eingezogen worden sei. Dokumentiert sind 4161,53 Reichsmark Bargeld und tausend

Rasierklingen, die er bei sich getragen hat, ebenso Lebensmittelmarken für Fleisch, Butter, Brot und Kuchen, eine Raucherkarte und 95 Tagesabschnitte für Zigaretten. Die Marken werden vom inzwischen zum Kriminalsekretär beförderten Dobberke an Sturmbannführer Möller »zur Vernichtung« übergeben. Wer hat sich an den zehntausend Rasierklingen bereichert?

Als Paul Reckzeh den flüchtigen Juden am 11. Mai 1944 in die Gestapo-Falle lockt, betätigt er sich bereits seit einem Jahr erfolgreich als Spitzel für das Amt IV (Gegner-Erforschung und -Bekämpfung) des Reichssicherheitshauptamts. Im Protokoll einer Sonderkommission des Referats A 3 a (Reaktion/Opposition) wird mit Bezug auf den »V-Mann der hiesigen Dienststelle« Caro als »Schieber größeren Ausmaßes« bezeichnet, der sein Vermögen 1938 nach England und in die Schweiz geschmuggelt habe. Kennengelernt habe der V-Mann den Juden unter dem Namen Carls durch einen Herrn Meyer von der Schweizer Gesandtschaft in Berlin, der ihm gesteckt habe, es handle sich bei diesem Carls um einen Volljuden, der unter falschem Namen lebe. Außerdem habe der Jude Caro durch die Vermittlung eines Herrn Neuhaus von der Schweizer Gesandtschaft mehrmals Briefe in die Schweiz geschmuggelt. Der Jude Caro habe ihn, den V-Mann, gebeten, ihm einen Pass für die Schweiz zu beschaffen. Zuletzt wolle der Jude ohne Wohnung gewesen sein und im Freien übernachtet haben.

Stimmt das alles? Ein aus der Not geborener Schieber ist Werner Caro ohne jeden Zweifel gewesen. Sehr wahrscheinlich hat er Reckzeh um einen falschen Pass gebeten, um in die Schweiz zu flüchten, ein Land, das Werner von mehreren Geschäftsreisen her und Reckzeh aus anderen Gründen gut kennt. Noch im Jahr 1939 ist Werner als Vertreter für Wolf & Geppert acht Tage in mehreren Schweizer Städten gewesen. Einen Herrn Meyer aber hat es bei der Schweizer Gesandtschaft nicht gegeben, es sei denn, Reckzeh hat ihn mit dem Wirtschaftskorrespondenten der *Neuen Zürcher Zeitung*, Johann Conrad Meyer, verwechselt, der im März 1943 durch den Schweizer Gesandten in Berlin, dem die Berichterstattung des Journalisten missfällt, ausgewiesen worden ist. Zudem wird Clara Rosenberg bezeugen, dass Werner den Arzt Reckzeh durch ihren Neffen Heinz Groß kennengelernt hat. Albert Neuhaus arbeitet bei der Schweizer Vertretung als Pförtner, und Werner wird in einem späteren Verhör angeben, er habe nur ein einziges Mal mit ihm gesprochen. Es existiert kein Indiz dafür, dass Werner jemals in England gewesen sein könnte. Zwar ist es möglich, dass er auf seinen Reisen in die Schweiz Devisen geschmuggelt hat, doch liegt der Verdacht nahe, dass Reckzeh seinen »Fang« aufwerten will, da die Strahlkraft seiner Fahndungserfolge allmählich nachlässt.

Als sich der dreißigjährige Paul Reckzeh 1943 für das Amt IV des Reichssicherheitshauptamts anwerben lässt, teilt man ihn zunächst dem Referat E 3 (Abwehr West: Frankreich, Schweiz, Belgien) zu. »Geführt« wird der neue Agent mit dem Decknamen »Robby« vom stellvertretenden Referatsleiter Herbert Lange, seines Zeichens Kriminalrat und SS-Hauptsturmführer, der sich von 1939 bis 1942 um die »Germanisierung« Polens verdient gemacht hat. Zur mörderischen Einsatzgruppe VI unter

Erich Naumann abgeordnet, ist Lange anfangs für das Gestapo-Gefängnis und die Probevergasungen im Fort VII in Posen zuständig, steigt zum Leiter des Vernichtungslagers Kulmhof auf, wo er die Ermordung Tausender Juden und Zigeuner verantwortet, um schließlich zum Reichssicherheitshauptamt versetzt zu werden.

Kriminalrat Lange schleust seinen V-Mann in den Solf-Kreis ein. Der Kreis um die Witwe Hanna des 1936 verstorbenen Botschafters in Tokio, Wilhelm Heinrich Solf, rekrutiert sich aus Regimegegnern der traditionellen konservativen Eliten aus Adel und Diplomatie. Zu ihnen gehören unter vielen anderen die Reformpädagogin Elisabeth von Thadden, der Referent für Ausland/Abwehr beim OKW Otto Kiep, der katholische Publizist Karl Ludwig Freiherr von und zu Guttenberg, Legationsrat Hilger van Scherpenberg, Kunrat Freiherr von Hammerstein-Equordt, der Industrielle Nikolaus von Halem und der 1933 seines Amtes als Staatssekretär im Reichsfinanzministerium enthobene Arthur Zarden. In lockerer Folge und unterschiedlicher Zusammensetzung treffen sich Gleichgesinnte zum Gedankenaustausch bei den von Hanna Solf arrangierten »Teegesellschaften«. Aktiven Widerstand gegen die Diktatur planen sie nicht. Interessant für das Reichssicherheitshauptamt sind die Kontakte einzelner Mitglieder zu Oppositionsgruppen in Reichswehr und Auswärtigem Amt sowie zum Kreisauer Kreis.

Langes Plan ist raffiniert und Reckzeh der ideale Kandidat für die Infiltrierung des Kreises. Eine Freundin Elisabeth von Thaddens, die in der Schweiz lebende Schriftstellerin Bianca Segantini, Tochter des Malers Giovanni Segantini, kennt den Spitzel in spe und dessen Eltern bereits seit Ende der zwanziger Jahre. Im Juni 1943 frischt Paul die alte Bekanntschaft wieder auf und besucht Bianca in ihrem Haus in Maloja nahe Sils zusammen mit seiner Frau. Das Ehepaar tastet sich mit verteilten Rollen behutsam an das Thema Nationalsozialismus heran, und Paul macht, zur Freude Biancas, kein Hehl aus seiner Abneigung gegen das Dritte Reich. Nun kann er sich ihres Vertrauens sicher sein und sie um ein Empfehlungsschreiben an Elisabeth von Thadden bitten. Er habe ja sonst niemanden in Berlin, mit dem er offen reden könne. Der Brief Bianca Segantinis öffnet Paul Reckzeh die Tür zum Solf-Kreis. Nachdem er sich bei mehreren »Teegesellschaften« ein Bild der Anwesenden gemacht hat, zeigt er am 10. September 1943 Hanna Solf und ihre Tochter Lagi Gräfin Ballestrem, Elisabeth von Thadden, Otto Kiep, Hilger van Scherpenberg, Arthur Zarden, dessen Tochter Irmgard und weitere Verdächtige bei seinem Vorgesetzten an.

Die Gestapo beobachtet, beschattet, hört mit. Im September fährt Reckzeh ein zweites Mal in die Schweiz, diesmal mit Briefen der noch ahnungslosen Elisabeth von Thadden und Hanna Solf an den früheren Reichskanzler Joseph Wirth und den Pfarrer Friedrich Siegmund-Schultze. Beide, der eine emigriert, der andere ausgebürgert, gehören der Schweizer Sektion der Bewegung Freies Deutschland an, in der konservative und sozialdemokratische Hitlergegner zusammengefunden haben. Im Januar 1944 verhaftet die Gestapo über siebzig tatsächliche oder vermeintliche Mitglieder des Solf-Kreises. Arthur Zarden stirbt noch im selben Monat. Er stürzt sich im Treppenhaus des Gefängnisses in der Joachim-Friedrich-Straße aus dem Fenster. Am 1. Juli 1944 beginnt vor dem Volksgerichtshof der Prozess gegen »Thadden, Kiep u. a.«. Irmgard Zarden wird wegen Mangels an Beweisen freigesprochen, Hilger van Scherpenberg zu zwei Jahren Gefängnis verurteilt. Elisabeth von Thadden wird geköpft und Otto Kiep erhängt. Hanna Solf und Gräfin Ballestrem überleben dank mehrmaliger Verschiebung ihrer Gerichtsverhandlung. Lange und Reckzeh wohnen dem Prozess als Zeugen bei. Der Spitzel wird ausdrücklich dafür belobigt, »Umtriebe der Staatsfeinde im Inneren und von Emigranten draußen« entlarvt zu haben.

Einen Monat nach der Denunzierung des Solf-Kreises nimmt sich »Robby« zwei Intellektuelle vor. Im Oktober 1943 besucht er unter einem Pseudonym den Verleger Peter Suhrkamp, erklärt sich zu dessen Bewunderer und zum Freund des im Tessin lebenden Verlagsautors Hermann Hesse. Gern wolle er, als Schweizer Bürger, Briefe des Verlegers an seinen Autor unter Ausschaltung des Postweges diskret befördern. Damit nicht genug, schlägt er vor, den Verlag zum geheimen Knotenpunkt für Kontakte des Solf-Kreises mit der Bewegung Freies Deutschland in der Schweiz auszubauen. Suhrkamp nimmt seinen ominösen Besucher nicht ernst, komplimentiert ihn hinaus und vergisst ihn. Es nimmt nicht Wunder, dass Kriminalrat Lange seinen Schützling auf den Verleger angesetzt hat. Gottfried Bermann Fischer, der seit dem Tod seines Vaters Samuel den S. Fischer Verlag gemeinsam mit Peter Suhrkamp leitet, verkauft diesem vor seiner Emigration 1936 einen Teil des Verlages. Der jüdische Name und das antinationalistische Programm schüren das Misstrauen des Propagandaministers. Suhrkamp soll den Verlagsnamen ändern und einige Autoren, unter ihnen Hermann Hesse,

nicht mehr verlegen. Ab Juli 1942 heißt das Haus Suhrkamp Verlag, vorm. S. Fischer, bis auch dieser Zusatz
gestrichen werden muss. Martin Bormann, in der Nach-
folge von Rudolf Heß Stellvertreter des Führers, fordert
im April 1943 sogar die Schließung des Verlags. Das An-
sinnen scheitert am Einspruch von Goebbels, der sich die
Einmischung in sein Ressort verbittet.

Nach dem Besuch seines Agenten registriert Kriminalrat Lange mit Interesse, dass Suhrkamp den »Schweizer
Bürger« nicht anzeigt, obwohl dies seine reichsbürgerliche
Pflicht wäre. Noch etwa ein halbes Jahr lässt er den Verlag
observieren, bevor Peter Suhrkamp am 13. April 1944
wegen des Verdachts auf Vorbereitung zum Hochverrat
festgenommen wird. Die Stationen seiner Haft sind das
Gestapo-Gefängnis im Konzentrationslager Ravensbrück,
das Untersuchungsgefängnis in Alt-Moabit, das Gestapo-
Gefängnis Lehrter Straße und das Konzentrationslager
Sachsenhausen. Am 8. Februar 1945 entlässt die Lagerlei-
tung den knapp Vierundfünfzigjährigen, inzwischen an
einer doppelseitigen Lungen- und Rippenfellentzündung
erkrankt, überraschend aus der Haft. Der einflussreiche
Bildhauer Arno Breker soll sich für ihn eingesetzt haben.
Als Spätfolgen von Haft und Folter bleiben eine Herzmuskelschwäche und eine Rückenmarkverletzung zurück, die zu einer sporadisch wiederkehrenden Lähmung
beider Beine führt.

Ebenfalls im Oktober 1943 besucht Reckzeh Günther
Wasmuth, den Leiter eines der führenden Architektur-
und Kunstverlage in Berlin. Der Gestapo ist bekannt, dass
der Regimegegner seit Kriegsbeginn in losem Kontakt
mit oppositionellen Gruppierungen steht. Er ist schon

deshalb verdächtig, weil sein Schwager, der inzwischen hingerichtete Journalist Johannes Graudenz, 1942 für die kommunistische Gruppe Rote Kapelle um Harro Schulze-Boysen illegales Informationsmaterial verteilt hat. Bis auf das Märchen um Hermann Hesse spielt Reckzeh dem Verleger dieselbe Komödie vor wie Peter Suhrkamp. Günther Wasmuth glaubt, einen Abgesandten der Bewegung Freies Deutschland vor sich zu haben und gibt sich als Hitlergegner zu erkennen. Wie Peter Suhrkamp wird er noch ein halbes Jahr lang bespitzelt, bevor ihn die Gestapo am 17. April 1944 ebenfalls wegen Verdachts auf Vorbereitung zum Hochverrat verhaftet. Ein Jahr lang wird er in den Konzentrationslagern Ravensbrück und Sachsenhausen gefangen gehalten. Der Siebenundfünfzigjährige ist einer der etwa dreißigtausend Häftlinge, die die SS am 21. April 1945 auf den Todesmarsch Richtung Nordwesten treibt. Viele sterben an Hunger und Entkräftung oder werden erschossen. Die Überlebenden, unter ihnen Günther Wasmuth, werden am 2. Mai in der Nähe von Schwerin durch US-amerikanische Truppen befreit.

Seit den im Januar 1944 erfolgten Verhaftungen des Solf-Kreises ist »Robby« als Auslandsagent »verbrannt« und für das Referat »Abwehr West« nicht mehr brauchbar. Nach seiner Versetzung in die Sonderkommission des Referats A 3 gelingen Reckzeh keine spektakulären Denunziationen mehr, auch wenn er sich alle Mühe gibt, wehrkraftzersetzende Bemerkungen und das Abhören von Feindsendern zur Anzeige zu bringen. In Berlin hat sich herumgesprochen, dass Reckzeh ein Spitzel ist. Als er den ahnungslosen Werner Caro denunziert, weiß er sehr wohl, dass sich dieser Jude im Vergleich zu der adligen und intellektuellen Elite, gegen die er bisher tätig sein durfte, recht unbedeutend ausnimmt. Da kann es dem eigenen Renommee nur zuträglich sein, wenn er die kriminellen Konturen des jüdischen Schiebers mit kräftigen Farben ausmalt.

Es mag einige biographische Hinweise dafür geben, warum sich Paul Reckzeh 1943, im Alter von dreißig Jahren, entschließt, für die Gestapo über Leichen zu gehen. Im April 1933 immatrikuliert sich der Zwanzigjährige an der Friedrich-Wilhelms-Universität für das Studium der Medizin und wird Mitglied im Nationalsozialistischen Deutschen Studentenbund. Der ruft noch im selben Monat die Aktion »Wider den undeutschen Geist« ins Leben, die in der Bücherverbrennung vom 10. Mai gipfelt. Mit Wirkung zum 1. Mai wird der Student in die NSDAP aufgenommen. Ob er sich aus Überzeugung oder Opportunismus beworben hat, steht dahin. Nach dem Wahlsieg im März 1933 hat jedenfalls ein wahrer Massenansturm, gerade auch aus dem gehobenen Bürgertum, auf das urplötzlich begehrte Parteibuch eingesetzt. Die jäh Entflammten, die sehr wohl wissen, dass ab 1. Mai eine Aufnahmesperre in Kraft tritt, werden von den »alten Kämpfern« verächtlich als »Märzgefallene« tituliert. Die Medizinische Fakultät der Friedrich-Wilhelms-Universität Berlin nimmt die – für den Beitritt zum Studentenbund zwingende – Parteimitgliedschaft des frisch Immatrikulierten wohlwollend zur Kenntnis. Während seines Studiums verbringt Reckzeh einige Semester an italienischen Universitäten und hospitiert in Schweizer Lungenheilstätten.

Der über die Erythrozytenzahl im menschlichen Blut promovierte Mediziner arbeitet ab 1939 als wissenschaft-

Paul Reckzeh, 1942

licher Angestellter des Reichsgesundheitsamts in der Abteilung für Ernährungsphysiologie. Sein Spezialgebiet ist die Lebensmittelchemie, insbesondere die Analyse »der neueren Lebensmittel der Kriegszeit«. Seine Gesichtszüge auf dem Ende Januar 1942 entstandenen Passfoto sind so weich und unbestimmt, dass sie der Betrachter gleich wieder vergisst. Nur die verquollene linke Wange bleibt im Gedächtnis. Kommt der Abgelichtete gerade vom Zahnarzt? Das Foto ist in aller Eile gemacht worden, denn Reckzeh muss unerwartet einen Fragebogen ausfüllen und ihn mit Lebenslauf und zwei Passbildern am 1. Februar im Personalamt des Ministeriums für die besetzten Ostgebiete einreichen. Im bürokratischen Schnelldurchlauf ist der Wissenschaftler vom Gesundheitsamt an das Alfred Rosenberg unterstehende Ministerium ausgeliehen worden. Grund für den hastigen Stellenwechsel sind die »augenblickliche Seuchenlage und die vordringlichen« Aufgaben der Abteilung Gesundheit und Volkspflege«

des Ostministeriums. Dem Ministerium untersteht mit dem Reichskommissariat Ostland die »Zivilverwaltung« im Baltikum und in Weißruthenien. Deren Aufgabe ist es, die besetzten Gebiete durch die planmäßige Vernichtung der baltischen und russischen Juden zu »germanisieren«. Dennoch kommen Seuchen ungelegen, weil sie gleichermaßen die nichtjüdische Bevölkerung im »Ostland« und die Wachmannschaften in den Ghettos und Konzentrationslagern gefährden. Der neue Referent in der Abteilung Gesundheit und Volkspflege wird sich daher auf die Erstellung von Gutachten zur Lebensmittelhygiene und Ernährungsphysiologie konzentriert haben.

Gegen Ende April 1942 kehrt Reckzeh zu seiner Laborarbeit im Gesundheitsamt zurück. Da er im Jahr zuvor die Prüfung für Kriegsärzte erfolgreich bestanden hat, ist die Gefahr nicht auszuschließen, dass ihn die Wehrmacht als Lazarettarzt nach »Ostland« oder gar an die Ostfront abkommandiert. Seine dreißigprozentige Wehrdienstbeschädigung durch einen komplizierten Mittelfußbruch wäre im vierten Kriegsjahr kein Hinderungsgrund mehr. Da mag es naheliegen, sich bei der Gestapo zu bewerben und an der Heimatfront unentbehrlich zu machen. Auch das zusätzliche Salär, dessen Höhe leider nicht aktenkundig ist, kann der Arzt gut gebrauchen.

Im Oktober 1942 erwirbt Reckzeh im noblen Villenviertel Berlin-Dahlem für 18 000 Reichsmark ein 1000 Quadratmeter großes Grundstück und verpflichtet sich vertraglich, darauf bis Januar 1947 ein Wohnhaus von wenigstens 100 Quadratmetern bebauter Fläche zu errichten. Verkäufer des Grundstücks ist ein Regierungsinspektor Wilhelm Merkel aus Birkenwerder bei Berlin.

Die Vermutung liegt nahe, dass Vater Reckzeh den Grundstückskauf eingefädelt hat. Der Vater ist Chefarzt im Krankenhaus Birkenwerder und Honorarprofessor an der Friedrich-Wilhelms-Universität. In Medizinerkreisen ist er ein bekannter Mann. Er heißt Paul Reckzeh, wie der Sohn. Allerdings haben die Eltern dem Sohn die Vornamen Karl Paul Otto gegeben, in dieser Reihenfolge. Hat er den zweiten Vornamen gewählt, damit die Leute sagen: Ach, sind Sie mit dem Medizinprofessor verwandt? Muss er sich in fremdem Glanz spiegeln, weil er selbst nicht glänzt? Auch sein Agentenführer, der vier Jahre ältere Kriminalrat Lange, mag ein Spiegel für ihn gewesen sein. Der ist ein ganzer Kerl, furchterregend zwar, aber wohl gerade deshalb verehrungswürdig. Die unaufdringlichen Gesichtszüge und angenehmen Manieren eines jungen Mannes aus gutem Hause sind dazu angetan, Reckzehs Zielpersonen Vertrauen einzuflößen. Umso leichter fällt es ihm, seinem Vaterland kriegswichtige Dienste zu leisten. Welch ein Gefühl der Macht, dass diese ganzen Adligen und Diplomaten und Intellektuellen gar nicht ahnen, wie himmelhoch er ihnen überlegen ist. Diesen Staatsfeinden geschieht es nur recht, wenn er sie ans Messer liefert. So oder ähnlich könnte es in dem Verräter Paul Reckzeh ausgesehen haben.

ACHTES KAPITEL
Die Ermordeten

Als Werner Caro in der Nacht zum 12. Mai 1944 in die Schulstraße eingeliefert wird, verfehlt er seinen Bruder um drei Wochen. Am 18. April ist Walter in einen Zug nach Auschwitz verladen worden – nach drei Jahren Zwangs-arbeit, sieben Monaten im Untergrund, sieben Monaten Haft in zwei Sammellagern und nach Verhören durch die Folterer in der Gestapo-Zentrale. Klein und dünn kauert er in einer Ecke des Waggons und starrt mit seinen großen dunklen Augen nach innen. So fährt er in den Tod.

Lagerleiter Dobberke hat mit der Zusammenstellung für diesen 51. Osttransport keine große Mühe gehabt. Dreißig Namen hat er ausgewählt, die mit laufenden Nummern, Geburtsdaten, Berufen, letzten Wohnadressen auf dem vorgedruckten Formular »Transportliste« säu-berlich eingetippt sind. Vor zwei Jahren, mit Beginn der Auschwitz-Transporte aus Berlin, waren die Listen länger. Jeder Güterzug wurde mit über tausend Juden gefüllt, ab Mitte 1943 noch mit einigen hundert, und jetzt bewegen sich die Zahlen im unteren zweistelligen Bereich. Die Sammellager sind fast leer. Die dreißig Abtransportierten passen in einen einzigen Waggon, der an einen Personen- oder Güterzug angehängt werden kann. Jemand hat die Nummern 1 bis 30 sorgfältig abgehakt. Walter Israel Caro, vierundvierzig Jahre alt, ist die laufende Nummer 6.

Eine Kopie der Transportliste wird fünf Tage später vom Judenreferat der Staatspolizeileitstelle dem Herrn Oberfinanzpräsidenten, Vermögensverwertungsstelle, übermittelt. Im Begleitschreiben mit dem Betreff »Evakuierte Juden« gibt es einen Verweis auf die Vermögenserklärungen der Deportierten. Die Erklärung von Walter Caro ist nicht erhalten, aber auf dem von ihm ausgefüllten Formular können in den einzelnen Rubriken – Guthaben bei Geldinstituten, Wertpapiere, Liegenschaften, Wohnungsinventar und Kleidungsstücke, Gewerbliches Eigentum, Kunst- und Wertgegenstände – nur Schrägstriche gestanden haben.

Das Judenreferat hat, was den Status der Nummern 1 bis 30 angeht, überdies schlampig gearbeitet: »Es handelt sich um privil. Mischehen, die jedoch entweder durch den Tod eines Partners bezw. durch Scheidung nicht mehr bestehen.« Davon kann bei dem unverheirateten Walter Caro keine Rede sein, und Stichproben haben ergeben, dass auch andere Deportierte keine aufgelösten Mischehen hinter sich haben. Das Ehepaar Bernhard und Erika Tawrigowski genannt Friedländer und ihre vierjährige Tochter Gitta sind »Volljuden«. Der Namensbestandteil »genannt Friedländer« fehlt auf der Liste, er ist zu lang, und den Namen Tawrigowski hat die Schreibkraft zu Teurigowski verunstaltet. Erika Tawrigowski genannt Friedländer, zweiundzwanzig Jahre alt, ist die einzige Person, für die in der Rubrik »arbeitsfähig« ein »ja« eingetragen ist. Auch die sechzigjährige Pianistin Cäcilie Lewissohn ist weder geschieden noch Witwe. Ihr Ehemann wird erst fünf Wochen nach ihr sterben, wenn er mit dem 75. Konvoi aus dem Lager Drancy in Auschwitz ankommt. Gerda

Rother, dreiundzwanzig, ist nie verheiratet gewesen. Erst drei Tage vor ihrem Abtransport ist sie in die Schulstraße eingeliefert worden. Es heißt, Rolf Isaaksohn habe sie denunziert.

Am 20. April 1944 trifft der 51. Osttransport in Auschwitz ein. Walter Caro in seinem trostlosen Zustand dürfte kaum zu den zwölf Häftlingen gehört haben, die zur Zwangsarbeit abkommandiert werden. Der Tag seines Todes ist ebenso unbekannt wie der von Cäcilie Lewissohn, der Familie Tawrigowski genannt Friedländer und anderer Verschleppter. Sechs Menschen überleben, unter ihnen Gerda Rother. Sie wird sich an Erika und deren kleine Tochter erinnern. Es scheint, als habe sich an Walter Caro niemand erinnert.

NEUNTES KAPITEL
Die Versklavten

Die ersten zehn Tage im Sammellager Schulstraße verbringt Werner Caro als Einzelhäftling im sogenannten Kellerbunker. Er sorgt sich um Walter. Über den »Mundfunk« hat er erfahren, dass sein Bruder vor drei Wochen Richtung Osten verschwunden ist. Alle Häftlinge wissen, dass aus dem Osten noch keiner zurückgekommen ist. Er sorgt sich um Else, die nun ganz allein ist. Und ob Charlotte noch lebt?

Werner wird von Lagerleiter Dobberke verhört, der sich, im Unterschied zum Folterer Möller, »menschlich verhalten« habe. Werner macht ausführliche Angaben über seine Hehlertätigkeit und gibt zu, den gefälschten Werksausweis von Rolf Israel Isaaksohn gekauft zu haben. Nein, über den Aufenthalt flüchtiger Juden könne er keine Angaben machen. Bei einer Gegenüberstellung erklärt der herbeigerufene Isaaksohn, er habe Werner durch Walter Caro kennengelernt und zu beiden nur kurze Beziehungen »geschäftlicher Art« unterhalten. Er bestätigt, für die beiden Brüder Ausweise gefälscht und zu einem Stückpreis von 300 Reichsmark an sie verkauft zu haben. Wegen der Schwarzmarktgeschäfte interessiert sich nun auch die Kriminal-Inspektion Mitte für Werner Caro. Zwischen Juni und August wird er mehrfach von einem Kriminalkommissar-Anwärter Guttmann vernommen, der sich der Aktenlage nach alle erdenkliche Mühe gibt,

Werners Aussagen auf ihren Wahrheitsgehalt zu über-prüfen.

Die Kriegslage indes erschwert Guttmanns Arbeit erheblich. Frau Lamberty, Werners Vermieterin in der Giesebrechtstraße, ist schon Mitte Februar bei einem »Terrorangriff gefallen«. Danach hat Werner keines-wegs, wie von Reckzeh behauptet, im Freien übernach-tet, sondern in der Lietzenburger Straße zur Untermiete gewohnt. Dieses Haus ist allerdings inzwischen »durch Feindeinwirkung zerstört«. Auch die letzte der von Wer-ner angegebenen Adressen, Elbinger Straße, entpuppt sich als Enttäuschung. Ein Hauptmieter Radtke, bei dem Werner gewohnt haben will, ist dort weder gemeldet noch gemeldet gewesen. Werner lügt, um seinen letzten Ver-mieter – einen Erwin König im Süden Berlins – zu schüt-zen. In dessen Wohnung am Lößnitzer Weg 5 hat Werner die letzten sechs Monate bis zu seiner Verhaftung gelebt. Der Schwede Gösta von Koch, dem Werner zwei Ringe abgekauft hat, ist längst aus Berlin verschwunden und soll zuletzt in Wien gesichtet worden sein. Kommissar-Anwärter Guttmann muss zudem seine Ermittlungen ta-gelang unterbrechen, da ihn sein Chef zu einer durch den »Terrorangriff« vom 21. Juni entstandenen »Schadens-stelle« abkommandiert.

Ebenfalls im Juni wird Drogist Burse von der Preis-überwachungsstelle im Polizeipräsidium wegen des ver-botenen und überteuerten Verkaufs von Rasierklingen und Schnürsenkeln zu einer moderaten Ordnungsstra-fe von 210 Reichsmark verurteilt. Bis in den September hinein werden er, Clara Rosenberg und Obergerichts-vollzieher Schmidt immer wieder wegen ihrer Schwarzhandelsgeschäfte mit dem Juden Caro vernommen, und Guttmann muss wiederholt feststellen, dass sie »in jeder Hinsicht die Unwahrheit sagen«. Die Protokolle erwecken den Eindruck, dass die Beschuldigten nicht so sehr wegen ihres »regen Handels mit Mangelwaren« lügen als aus der Angst heraus, mit einem Juden in Verbindung gebracht zu werden. Dieser Tatbestand lässt sich jedoch nicht nachweisen. Werner beteuert, weder seine Vermieter noch die Geschäftspartner hätten jemals geahnt, dass er kein »Arier« sei. Auch Kurt Caro, dessen Frau Frida und Else Glückstein werden zu Guttmann zitiert, stellen sich dumm, wissen von nichts und haben schon seit Jahren keinen Kontakt mehr zu Werner. Die Schrift des Kommissar-Anwärters ist fahrig und nach links geneigt. In einem zu Werner Caro ausgefüllten Formular vergisst der Beamte, den zweiten Vornamen Israel einzusetzen. Der wird in der selbstsicheren Handschrift seines Vorgesetzten nachgetragen und mit dem Kommentar versehen: »Als Jude muß er doch einen jüdischen Vornamen führen«. Das folgende Verhörprotokoll ist mit »Werner Israel Caro« unterschrieben und »Israel« von Guttmann zweimal unterstrichen.

Nach der zehnwöchigen Einzelhaft im Kellerbunker wird Werner ab Mitte Juli 1944 der Lagerschneiderei als Bügler zugeteilt. Wenige Tage zuvor, am 9. Juli, ist sein Freund Heinz Groß im Kantonspital Chur mit neunundzwanzig Jahren gestorben. Niemand hält es für nötig, Werner von seinem Tod zu informieren. Der Bügler erwartet täglich seinen Abtransport nach Auschwitz. Guttmann lässt die Deportation zurückstellen, denn er braucht den Häftling noch für weitere Vernehmungen zu den Wirtschaftsvergehen. Das rettet Walter das Leben. Er muss nicht »auf Transport gehen«, wie die Leute im Lager sagen.

Am 16. April 1945 beginnt der Großangriff der Roten Armee auf Berlin. Einen Tag später fliehen Rolf und Stella Isaaksohn aus dem Lager. Rolf wird zum letzten Mal am Bahnhof Zoo gesehen. Mit allen notwendigen Papieren und 40 000 Reichsmark ausgerüstet, will er sich über Lübeck nach Dänemark absetzen. Stella taucht, nördlich von Berlin, in Liebenwalde unter. Kriminalsekretär Dobberke erhält am 19. April von Sturmbannführer Möller den Befehl, alle noch im Sammellager befindlichen Juden zu erschießen. Dobberke, der einige tausend Juden in die Konzentrationslager hat deportieren lassen, überlegt es sich anders. Zum 20. April 1945 bereitet er Entlassungsscheine vor und lässt sich von »seinen« Juden ihre Freilassung quittieren. Im Hinblick auf spätere »Persilscheine« kein dummer Schachzug. Jetzt ist es Walter Dobberke, der untertaucht. Werner Caro ist frei. Trotz des schweren amerikanischen Luftangriffs an diesem 20. April schlägt er sich irgendwie durch. Zu Else in die Trautenaustraße? Zu gefährlich. Vermutlich übernachtet er jetzt wirklich im Freien.

Charlotte Glückstein, die nach ihrer Verhaftung am 7. September 1943 und der Haft im Frauengefängnis Kantstraße in das Straflager 21 in Hallendorf, heute ein Stadtteil von Salzgitter, eingeliefert wurde, bleibt dort ein Jahr. Das von der Gestapo 1940 errichtete Lager gehört zu den Reichswerken »Hermann Göring«, einem der modernsten Rüstungsbetriebe im Reich. Es dient als Arbeitserziehungslager, als Folter- und Hinrichtungsstätte und als Sammellager für Transporte in Konzentrationslager. Charlotte wird in einer Frauenkolonne als Straßenarbeiterin eingesetzt. Sie erleidet Erfrierungen an Händen und Füßen und schmerzhafte Schwellungen der Beine durch Hungerödeme. Auf der Steckrübensuppe schwimmen Kartoffelschalen. Wenn Charlotte nachts auf ihrer Pritsche liegt, vor Kälte und Erschöpfung zittert, vor Schmerzen nicht schlafen kann, denkt sie an Walter. Wo er wohl sein mag. Ob er noch lebt. Wie es ihrer Mutter geht. Ob Werner sich um sie kümmern kann.

Am 20. Dezember 1944 wird Charlotte – mit Zwischenaufenthalten im Gefängnis Hannover und Berlin Alexanderplatz – ins KZ Ravensbrück überführt. »Haftgrund: Politisch; Zusatzgrund: Jüdin, Mischling« ist auf der dortigen Zugangsliste der SS vermerkt. Sie darf in der Schneiderei arbeiten, wo über tausend weibliche Häftlinge gestreifte Häftlingskleidung für Konzentrationslager herstellen. Charlotte hat das Glück, nicht zu den über Fünftausend zu gehören, die zwischen Januar und April 1945 in der dortigen Gaskammer enden. Noch vor der Räumung des Lagers und dem Todesmarsch der etwa zwanzigtausend Häftlinge in Richtung Nordwesten verbringt sie die SS – mit wie vielen anderen? – am 1. April mit einem Evakuierungstransport in das Außenlager Graslitz des Konzentrationslagers Flossenbürg. Es ist ein weiter Weg von Norden nach Süden, vom brandenburgischen Ravensbrück bis Graslitz im Sudetengau. Ob die Häftlinge die lange Strecke in Güterzügen oder Lkws zurücklegen, ist nicht bekannt. Es dauert noch Wochen, bis Graslitz wieder Kraslice heißen und zur Tschechoslowakei gehören wird. In einer stillgelegten Textilfabrik verrichten die Häftlinge des Kommandos Graslitz feinmechanische Montagearbeiten für das Luftfahrgerätewerk Hakenfelde, ein Tochterunternehmen des Siemens-Konzerns. Drei Wochen später werden sie in ein weiteres Außenlager des Lagers Flossenbürg verschoben: Neu-Rohlau (Nová Role), etwa dreißig Kilometer südöstlich von Graslitz gelegen. Aber von der bisherigen Zwangsarbeit im SS-eigenen Porzellanbetrieb Bohemia und der Anfertigung von Elektroverteilern für die Firma Messerschmitt kann nun, am 18. April 1945, keine Rede mehr sein. Von allen Seiten rücken die alliierten Truppen an. Das Deutsche Reich löst sich im Chaos auf. Schon am nächsten Tag beginnen Evakuierungstransporte Richtung Bayern. Sie setzen sich aus »asozialen« und ausländischen Häftlingen zusammen. Im Lager bleiben die politischen Häftlinge, unter ihnen Charlotte, übrig. Politische Häftlinge sind an ihrem roten Winkel zu erkennen, einem auf der Spitze stehenden Dreieck, das auf die gestreifte Häftlingsjacke genäht ist. Um Charlotte als »Politische« und als »Jüdin« zu kennzeichnen, sitzt ihr roter Winkel auf einem gelben. Das Doppeldreieck hat die Form des »Judensterns«. Ein Gerücht macht die Runde. Die Politischen sollen schon wieder in ein anderes KZ verlegt werden. Charlotte flieht. Ende April erreicht sie, nach tagelangem Fußmarsch Richtung Norden, die amerikanisch besetzte Zone bei Auerbach im Vogtland. Eine anderthalbjährige Odyssee ist fast zu Ende. Nur noch gut dreihundert Kilometer bis Berlin. Charlotte wiegt vierzig Kilo.

Als Frau des »Sternträgers« Kurt ist Frida Caro im November 1943 ebenfalls zur Zwangsarbeit abkommandiert worden. Nach einem zweimonatigen Einsatz bei einer Firma Weber & Co. im Bezirk Treptow wird sie Anfang 1944 in die Tapisserie-Manufaktur Lindhorst versetzt. Da der Bedarf an Fahnen zur Zeit deutlich höher ist als der an Wandteppichen, näht sie Hakenkreuzfahnen zusammen. Um von vornherein jeden Kontakt mit den »arischen« Näherinnen zu unterbinden, bringt die Firmenleitung Frida mit zweiundzwanzig anderen »jüdisch versippten« Frauen in einem separaten Raum unter. Nach drei Monaten muss sie »dienstentpflichtet« werden, denn eine Untersuchung beim Betriebsarzt hat ergeben, dass sie inzwischen herz- und lungenkrank ist. Von Dezember 1944 bis kurz vor Kriegsende wird sie noch einmal mit »leichten Näharbeiten« zwangsbeschäftigt.

Kurts Zwangseinsatz im Anhalter Bahnhof wird laut Arbeitsbuch bis zum 30. April 1945 dauern. Während dieser Zeit hat er theoretisch neunundzwanzig »Abbeförderungen« mitverfolgen können. Am 3. Februar 1945 geht der Bahnhof durch einen Bombenangriff in Flammen auf. Die Ruine wird so weit enttrümmert, dass am 27. März der letzte Transport nach Theresienstadt abgefertigt werden kann. Ein eigener Sonderzug ist für diese »Sternträger«, es sind nur noch zweiundvierzig, nicht mehr nötig. Sie passen in einen einzigen Waggon, den die Reichsbahner an einen regulären Zug anhängen. Als Frida am 30. April 1945 abends nach Hause kommt – es ist der Tag, an dem der Rundfunk verkündet, der »bis zum letzten Atemzuge gegen den Bolschewismus« kämpfende Hitler sei »für Deutschland gefallen« –, ist ihr Mann schon da. Auf dem morgendlichen Weg zur Arbeit ist er durch einen herumfliegenden Granatsplitter am Oberschenkel – es ist wieder

der linke – verwundet worden. Im Haus nebenan wohnt ein Arzt, der Kurt sofort operiert. Unfassbar, dass die Caros in diesen Tagen überhaupt ihre Wohnung verlassen haben. Überall russische Panzer und Bataillone schwer bewaffneter Rotarmisten. Ohrenbetäubendes Trommelfeuer. Heulende Stalinorgeln. Explodierende Granaten. Verwesende Leichen. Betrunkene Soldaten. Das letzte Aufgebot kümmerlicher Volkssturm-Häuflein und Kinder, die mit Panzerfäusten herumlaufen. Unter Trümmerbergen verschüttete Straßen. Zwischen dem Brandschutt himmelwärts ragende Ruinen.

ZEHNTES KAPITEL
Die Antragsteller

Werner, Kurt, Frida und Ruth Caro, Charlotte und Else Glückstein überleben und finden einander wieder – irgendwie und irgendwann. Die Mietshäuser in der Schönhauser Allee 62 und der Trautenaustraße 8 stehen noch. Die kleine Familie Caro bleibt, wo sie ist, und Werner schlägt sich zu Else Glückstein durch. Dann kommt auch Charlotte zurück. Sie warten, wider besseres Wissen, auf Walter. Die Jüdische Gemeinde zu Berlin verteilt einen Fragebogen, um herauszufinden, wie viele ihrer Mitglieder noch am Leben sind.

Es dauert Monate, bis die Überlebenden vom kommunistisch geleiteten und von der Alliierten Kommandantur anerkannten Hauptausschuss Opfer des Faschismus des Magistrats von Berlin ihre »Roten Ausweise« erhalten und damit ein Startgeld, Lebensmittel und Bekleidung. Sie müssen warten, bis die aktiven Kämpfer gegen den Faschismus versorgt sind, und zur Überbrückung weiterhin die Anfang 1939 ausgestellten Juden-Kennkarten verwenden. Vom 20. August 1945 datiert die amtliche Verlängerung der J-Karte von Kurt Israel Caro: »Dieser Ausweis behält vorläufig seine Gültigkeit« hat ein Polizeibeamter auf die Rückseite getippt. Kurts Antrag auf Anerkennung als Opfer des Faschismus (OdF) ist gut dokumentiert. »An Eides Statt« versichert er Ende September 1945 in einem dreiseitigen Fragebogen, durch die Nürnberger

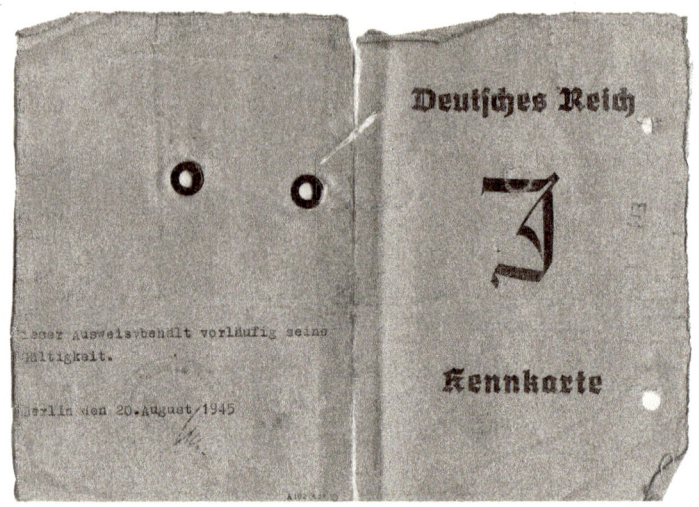

Kennkarte für Kurt Israel Caro
Ausgestellt im Februar 1939, verlängert im August 1945

Gesetzgebung zum Opfer des Faschismus geworden zu sein, listet seine Inhaftierungen auf und benennt drei Bürgen, denen er als »echter Antifaschist« bekannt ist. Einen handschriftlichen Lebenslauf fügt er bei. Kurt wird in die OdF-Kartei aufgenommen und erhält am 24. Januar 1946 seinen »Roten Ausweis«. Bei Werner hat die Prozedur fast ebenso lange gedauert. Sein »Roter Ausweis« datiert vom 2. Januar. Für Charlotte Glückstein wird, als ehemaligem »Mischling ersten Grades«, am 2. August ein grauer »Ausweis für Verfolgte der nationalsozialistischen Sondergesetzgebung« ausgestellt. Als nichtjüdische Ehefrau eines »Sternträgers« bekommt Frida Caro ein ebensolches Dokument.

Damit sind die ersten bürokratischen Hürden der Nachkriegszeit bewältigt. Aber davor liegt der eisige Hungerwinter. Für die bereits anerkannten Opfer des

Faschismus gibt es beim Hauptausschuss immerhin ein tägliches Mittagessen gegen Sondermarken. Wie schlagen sich die noch nicht Anerkannten durch? Vermutlich, wie alle anderen, mit Schwarzhandel, Bäumefällen und Hamsterfahrten. Seit Oktober ist Kurts Wunde am Oberschenkel endlich verheilt. Der ehemalige Textilkaufmann besinnt sich seiner Fertigkeiten und stellt, ebenfalls wie viele andere, aus alten Kleidern und Blusen neue her. Optimistisch lässt er Briefpapier drucken: »Kurt Caro – Modische Kleider und Blusen« mit der Adresse Schönhauser Allee, nunmehr im sowjetischen Sektor gelegen. Auch von der Besatzungsmacht bekommt er Aufträge. Doch ist der Umsatz insgesamt so gering, dass Kurt auf die finanzielle Unterstützung seines Bruders Werner angewiesen ist.

Werner hat Geld. Aber woher? Am 1. Februar 1946 eröffnet er in Wilmersdorf, britischer Sektor, eine Firma für »Kleider u. Blusen/Engros u. Export« mit einem Eigenkapital von 48 660,88 Reichsmark. Wie hat er Vermögenswerte in dieser Höhe über den Krieg retten können? Bei seiner Verhaftung im Mai 1944 ist er von der Gestapo gründlich ausgeraubt worden. Hat er das mysteriöse Vermögen in seinem letzten Versteck gelassen und es seinem Vermieter Erwin König anvertraut, der es für ihn aufbewahrt hat? Vielleicht hat er doch noch, wie seinerzeit vom Denunzianten Reckzeh behauptet, rechtzeitig Konten in England oder in der Schweiz einrichten können. Ebenfalls denkbar wären ein paar erfolgreiche Coups des gewieften Schiebers auf dem Schwarzmarkt. Etwa zur selben Zeit beteiligt sich Charlotte, ebenfalls im britischen Sektor, »als Schöpferin der Kollektion bei der Fa. Charlott-Modelle, Glückstein & Co. GmbH«. Auch hier geben die Akten keine Auskunft über die Hintergründe. Wie auch immer. Bemerkenswert bleibt, mit welch zielstrebiger Energie die eben noch fast zu Tode Gepeinigten den Aufbau einer neuen Existenz in Angriff nehmen.

Ab Frühjahr 1946 dürfen die »in Auswirkung der Nazi-Gesetzgebung oder sonstiger Maßnahmen des Nazi-Regimes entstandenen Vermögensschäden« angemeldet werden. Adressatin der Anträge ist die Vermögensverwertungsstelle beim Oberfinanzpräsidenten Berlin-Brandenburg, eben jene Behörde mit eben jenen Sachbearbeitern, die bis vor kurzem die Vermögen eingezogen haben. Der von Werner Caro ausgefüllte Fragebogen ist erhalten geblieben. Die aufgeführten Vermögen – Entlassung aus dem Angestelltenverhältnis, Verdienstausfall, Verschleuderung von Wertgegenständen, unentgeltliche Abgabe von elektrischen Geräten und Radioapparaten, steuerliche Benachteiligung – summieren sich zu einem nicht nachprüfbaren Gesamtbetrag von 116 475,53 Reichsmark.

Aber die Anmeldung läuft sowieso ins Leere. Erst 1949 verabschiedet die amerikanische Militärregierung »zur Wiedergutmachung nationalsozialistischen Unrechts« ein erstes zonenübergreifendes Gesetz. Es bildet die Grundlage für das »Gesetz über die Entschädigung der Opfer des Nationalsozialismus (Entschädigungsgesetz)« vom 10. Januar 1951 der jungen Bundesrepublik Deutschland, das im Lauf der Jahre mehrfach zu Gunsten der Verfolgten modifiziert wird. »Personen, die vom 30. Januar 1933 bis zum 8. Mai 1945 aus Gründen der Rasse, Religion, Weltanschauung oder politischer Gegnerschaft gegen den

Nationalsozialismus durch nationalsozialistische Maßnahmen an Gesundheit, Freiheit, Vermögen oder wirtschaftlichem Fortkommen Schaden erlitten haben«, werden als »Politisch und rassisch Verfolgte (PrV)« anerkannt und haben Anspruch auf eine monatliche Rente und einmalige Entschädigungszahlungen. Pro Schaden müssen die Antragsteller einen Fragebogen ausfüllen, Lebensläufe und Belege beifügen, Zeugen benennen und eidesstattliche Erklärungen abgeben. Wenn das Hin und Her um das Anrecht auf Entschädigung und deren Höhe endlich entschieden ist, wird der von den Ämtern in der Regel heruntergehandelte Schadensbetrag im Verhältnis 10:2 ausgezahlt. Das heißt, einst verlorene 10 Reichsmark werden mit 2 D-Mark entschädigt. Diese finanzpolitische Logik zu Ungunsten der Antragsteller hängt mit der Währungsreform zusammen. Im Sommer 1948 ist die alte Reichsmark 10:1 umgewertet worden, wodurch Bargeld und Sparguthaben dramatisch an Wert verloren haben.

Aus Gründen des Datenschutzes sind einige der Entschädigungsakten oder Teile daraus für die Benutzung gesperrt. Doch das Studium der von den Caros und Glücksteins gestellten Anträge und ihrer jahrelangen Bearbeitung durch die involvierten Behörden legt trotz aller Lücken offen, dass sich die Parteien mit äußerstem Misstrauen begegnet sind. Die Antragsteller schummeln. Die Ämter mauern. In den verstaubten Aktenbündeln ist ein Krieg der Formulare dokumentiert.

Kurt Caro stellt seinen Antrag im Juli 1951 von Haifa aus. Im Dezember 1948 ist er mit Frau und Tochter nach Israel emigriert. Mit seiner kleinen Firma ist er auf keinen grünen Zweig gekommen, und die Währungsreform hat alles Ersparte aufgefressen. Das Gesundheitsamt Prenzlauer Berg hat ihm 1947 eine »Arbeitsbehinderung« von vierzig Prozent bescheinigt, so dass ihm vor der Auswanderung sein »Ausweis für Leichtbeschädigte« zur bevorzugten Abfertigung in Amtsstellen verhilft. Die liegen allerdings in den Westsektoren der Stadt. Eine Auswanderung aus dem sowjetischen Sektor ist nicht gestattet, so dass sich die Familie Caro eine Deckadresse bei den amerikanischen Besatzern zulegt: in der Friedenauer Saarstraße bei Treuherz. Als »Zustellungsbevollmächtigten in Deutschland« gibt Kurt auf dem Antragsformular seinen Bruder Werner an, von dem vermutlich auch ein großzügiger Reisekostenzuschuss stammt.

Kurts Antrag ist an das Entschädigungsamt Berlin adressiert. Damals wie heute ist das Amt am hufeisenförmig bebauten Fehrbelliner Platz in einem während der Nazijahre errichteten Gebäude angesiedelt. Den Eingang flankieren zwei Reliefs, die in typischer NS-Ästhetik »Arbeiter der Faust« darstellen. Kurt meldet »rückerstattungsfähige Schäden« – an Körper und Gesundheit, an Freiheit, an Vermögen und im beruflichen Fortkommen – in Höhe von 85 645 Reichsmark an. In einer notariell beglaubigten eidesstattlichen Erklärung versichert der Antragsteller, dass er und seine Tochter »Sternträger« gewesen seien. Die Glaubenszugehörigkeit der Tochter gibt er mit »mosaisch« an und lässt die evangelische Tarnungstaufe von 1940 vorsichtshalber weg.

1953 ziehen Kurt und Frida Caro nach Kiryath Haim, einem nördlichen Vorort von Haifa, um. Kurt bedient die Maschinen in einer Wäscherei, Frida arbeitet als Putzfrau, Ruth heiratet. Erst ab Dezember 1954 erhält Kurt eine monatliche »PrV«-Rente von knapp 300 D-Mark. Der in Jerusalem praktizierende, höchstwahrscheinlich in den dreißiger Jahren aus dem Deutschen Reich vertriebene Arzt Edgar Heilbronner füllt einen zwölf Seiten umfassenden Fragebogen zum »Schaden an Körper und Gesundheit« aus. Kurts Wadenbeinbruch wird anerkannt, nicht jedoch, weil auf dem Röntgenbild unsichtbar, der Bruch des Oberschenkels. Dank der Narben am Oberschenkel hält Heilbronner die Verwundung durch einen Granatsplitter für glaubhaft. Ein diagnostiziertes Lungenemphysem, Ischias und Herzbeschwerden hingegen könnten »Zeichen des natürlichen Alterungsvorganges sein«. Als Vorschuss auf eine »Kapitalentschädigung« in unbekannter Höhe werden Kurt 193 D-Mark »zwecks Beseitigung einer Notlage« zugesprochen. Das Amt errechnet, dass Kurt an insgesamt 1319 Tagen den »Judenstern« habe tragen müssen, und entschädigt ihn für jeden Tag mit 5 D-Mark. Auch der »Schaden an beruflichem Fortkommen« wird berücksichtigt, da Kurt »aus rassischen Gründen« 76 Monate lang seine Tätigkeit als Textilkaufmann nicht habe ausüben dürfen. Das Amt vergütet ihm jeden Monat mit 100 D-Mark abzüglich seiner Einkünfte als Zwangsarbeiter.

Kurt und Frida Caro vertragen das subtropische Klima nicht. Im Sommer 1957 kehren die beiden nach Berlin zurück. In den Ostsektor wollen sie nicht mehr; sie suchen sich eine Wohnung im Stadtteil Wilmersdorf. Im April 1958 bewilligt die Bundesbahn-Versicherungsanstalt Kurt als »Ersatzanspruch« für seine zweijährige Zwangsarbeit bei der Deutschen Reichsbahn eine monatliche Rente in Höhe von 154,90 D-Mark. Gegen die Entscheidung des Entschädigungsamtes, Kurt für die dokumentierten »Schäden an Vermögen und im beruflichen Fortkommen« neben der einmaligen Entschädigung eine monatliche Rente von 45 D-Mark zu gewähren, erhebt sein Rechtsanwalt im Oktober 1958 Einspruch. Hier bricht die Akte ab.

Frida Caro hat als »politisch und rassisch Verfolgte« ebenfalls Anspruch auf eine kleine Rente. In einem ersten Entschädigungsantrag beruft sie sich auf Zwangsarbeit in einer Munitionsfabrik, die aber in einem späteren Schreiben ihres Anwalts nicht mehr erwähnt wird. Trotz der ablehnenden Bescheide – die attestierten gesundheitlichen Schäden seien auf den normalen Alterungsprozess zurückzuführen; die Zwangsarbeit habe nicht unter haftähnlichen Bedingungen stattgefunden; die Antragstellerin habe in privilegierter Mischehe gelebt – wird ihr 1968, also elf Jahre nach der Antragstellung, für den erlittenen »Schaden an Freiheit« eine Entschädigung von 5400 D-Mark ausgezahlt. Das endgültige amtliche Prüfergebnis besagt, dass Fridas Mischehe eine nichtprivilegierte gewesen sei. Nicht nur hier fällt auf, dass weder Antragsteller noch Behörden kaum jemals die von den Nationalsozialisten geprägten antisemitischen Begriffe in Anführungszeichen setzen. Allzu lange haben sie wie selbstverständlich zum Alltag gehört.

Als Werner Caro seinen bereits 1946 angegebenen Gesamtschaden von 116 475,53 Reichsmark im Juni 1951 noch einmal beim Entschädigungsamt anmeldet, werden die Sachbearbeiter aktiv. Der OdF-Ausweis, die Bestätigung der Jüdischen Gemeinde, Werner Caro sei in der Sippenkartei von 1939 als Volljude registriert, die Bargeldquittung der Gestapo und die vom Obergerichtsvollzieher 1944 beurkundete Einziehung von Werners Vermögen reichen als Beweise nicht aus. Sternträger? Angabe dreier Bürgen! Arbeitgeber in der Textilbranche bis 1940? Bestätigungsschreiben der Firmeninhaber! Zwangsarbeit 1940 bis 1943? Desgleichen! Untergetaucht 1943 bis 1944? Eidesstattliche Erklärungen der Vermieter! Sammellager Schulstraße 1944 bis 1945? Eidesstattliche Erklärungen von Mithäftlingen! Anderthalb Jahre später ergeht ein Bescheid, dass Werners in der Illegalität und im Sammellager verbrachte Lebenszeit von insgesamt 806 Tagen mit 5 D-Mark pro Tag entschädigt wird. Wiederum zwei Jahre später folgt ein Bescheid, dass Werner »wegen Schadens an Freiheit« durch »das Tragen des sogenannten [sic!] Judensterns wegen seiner damit verbundenen Beschränkung der Bewegungsfreiheit« an 513 Tagen ebenfalls ein Betrag von 5 D-Mark pro Tag zusteht. Der für den Zeitraum vom 1. bis 5. Mai 1945 erhobene Anspruch sei hingegen ungültig, »weil mit der Besetzung des von dem Antragsteller bewohnten Stadtteils durch sowjet. Truppen am 30.4.1945 der Zwang zum Sterntragen entfiel«.

Für Werners 1951 angemeldeten »Schaden an Vermögen« in Höhe von 39 856,53 Reichsmark ist das Entschädigungsamt nicht zuständig, da es sich hierbei um eine Rückerstattung beschlagnahmten Vermögens handelt. Für deren Prüfung in Berlin sind die Wiedergutmachungsämter und, als »Vertreter des Deutschen Reichs«, die Sondervermögens- und Bauverwaltung beim Landesfinanzamt zuständig. 1963 (sic!) übergibt Werner die Angelegenheit einem Rechtsanwalt. Für die Beschlagnahme eines goldenen Zigarettenetuis, einer goldenen Taschenuhr, eines Brillantrings, eines Fahrrads, von zehntausend Rasierklingen sowie Bekleidung und Wäsche macht der Anwalt einen abgerundeten Rückerstattungsanspruch von 35700 Reichsmark geltend. Die von der Gestapo einst gegen Quittung beschlagnahmten 4161,53 Reichsmark spielen, warum auch immer, im weiteren Verlauf des Verfahrens keine Rolle mehr. Die »Rückerstattungssache Werner Caro ./. Deutsches Reich« endet im August 1964 mit einem Vergleich. Die für Fahrrad, Rasierklingen, Bekleidung und Wäsche angegebenen Werte werden als nicht rückerstattungspflichtig abgewiesen. Für Zigarettenetui, Taschenuhr und Brillantring spricht das Wiedergutmachungsamt Werner 840 D-Mark zu. Es steht zu vermuten, dass Werner diese drei Wertgegenstände entweder gar nicht besessen oder dass sie bei seiner Verhaftung durch die Gestapo stillschweigend den Besitzer gewechselt haben. Im letzteren Fall hat das Amt – heiteres Gedankenspiel – für Hehlerware aus der Quelle Carl Schmidt oder Gösta von Koch gezahlt.

Auch Charlotte Glückstein hat für ihre anderthalb Jahre Gefängnis- und KZ-Aufenthalte im Frauengefängnis Kantstraße, im Straflager 21 Hallendorf, im KZ Ravensbrück und in den beiden Außenlagern des KZ Flossenbürg Haftbescheinigungen und eidesstattliche Erklärungen von Mithäftlingen beizubringen. Charlotte hat Glück, dass sie noch überlebende Frauen auftun kann, die ihre gemeinsame Haft bezeugen. Laut Bescheid des Entschädigungsamts vom Februar 1952 beläuft sich der »Gesamt-Freiheitsentzug« auf 595 Tage à 5 D-Mark. Charlottes für die Zeit vom 24. April bis 8. Mai 1945 angemeldeter Anspruch wird zurückgewiesen, da sie ja am 24. April aus dem KZ Neu-Rohlau entflohen sei. Im Oktober 1952 macht sich Charlotte selbstständig. In der Meinekestraße, einer eleganten Nebenstraße des Kurfürstendamms, eröffnet sie ein eigenes Modeatelier. Als Teilhaber firmiert der Kaufmann Hans-Joachim Drechsler, den Charlotte 1949 geheiratet hat. Emigranten und ins Ausland Deportierten steht eine »Soforthilfe für Rückwanderer« in Höhe von 6000 D-Mark zu. Wegen ihrer Inhaftierung in der Tschechoslowakei steht Charlottes Anspruch außer Frage. Dennoch zahlt ihr das Amt die »Soforthilfe« nicht sofort, sondern erst im August 1957 aus. Für den bei ihrer Verhaftung von der Gestapo beschlagnahmten Schmuck hat Charlotte 1951 eine Schadenshöhe von 4000 Reichsmark angemeldet. Hierfür werden ihr vom »Vertreter des Deutschen Reichs« erstaunliche 3200 D-Mark erstattet, wenn auch erst nach elf Jahren Papierkrieg.

Längst ist Charlottes Hoffnung auf eine Rückkehr Walter Caros erloschen. Noch in Israel hat Frida Caro 1953 ein Gedenkblatt für ihren Schwager ausgefüllt, das in der Gedenkstätte Yad Vashem in Jerusalem aufbewahrt wird. Im Januar 1957 erklärt der Senator für Justiz in Berlin Charlottes Verbindung mit Walter im Nachhinein zur gesetzlichen Ehe. Mit Berufung auf das im Juni 1950 verabschiedete Gesetz über die Anerkennung freier Ehen rassisch und politisch Verfolgter wird anerkannt, dass die Heirat mit einem »Volljuden« den sicheren Tod der »Geltungsjüdin« Charlotte zur Folge gehabt hätte. Die Senatsverwaltung setzt den Eheschließungstag auf den

23. Mai 1940 fest. Nun lässt Charlotte ihren Ehemann rückwirkend zum 31. März 1945 für tot erklären. Für das Entschädigungsamt füllt sie im Februar 1957 ein Formular »Schaden an Leben« mit Angaben »über den verstorbenen Verfolgten« aus. Letztbekannter Aufenthalt: Auschwitz. Todesursache: nicht bekannt. Nach ihrer Scheidung 1967 steht Charlotte Drechsler verw. Caro geb. Glückstein eine Witwenrente zu.

Charlottes Mutter, Else Glückstein, kommt gar nicht auf die Idee, einen Entschädigungsantrag zu stellen. Erst der 1957 aus Israel zurückgekehrte Kurt Caro klärt sie darüber auf, dass sie Anspruch auf eine Anerkennung als »PrV« habe. Ihr im August 1957 gestellter Antrag wird vier Wochen später vom Senator für Arbeit und Sozialwesen abgeschmettert, da sie ihn »mit einer Frist-versäumnis von ca. 9 ½ Monaten eingereicht« habe. Im März 1958 versucht es Else erneut beim Entschädigungs-amt. Als »jüdisch versippte« Hausfrau habe sie wegen der Verhaftung ihrer Tochter und ihres Schwiegersohns, wegen deren ungewissen Schicksalen und wegen ständiger Observierung und mehrerer Verhöre durch die Gestapo »Schäden an Körper und Gesundheit« erlitten. Fünf Jahre später wird Elses Antrag amtlicherseits abgelehnt: »Die Antragstellerin ist Arierin«. Zweifellos sei sie wegen der Verfolgungsmaßnahmen schweren seelischen Belastungen ausgesetzt gewesen, doch hätten sich diese Maßnahmen »nicht gegen ihre eigene Person gerichtet; sie war insofern nur mittelbar betroffen worden«. Weiter: »Die Verhöre, die die Antragstellerin erdulden mußte, dienten allein dem Ziel, den Aufenthalt des Bruders des verhafteten Walter

Caro festzustellen. Nach der eigenen Darstellung der Antragstellerin war ihr eigenes Verhalten nicht Gegenstand der Ermittlungen.« Fazit: »Da die angegebenen Leiden somit nicht auf nationalsozialistische Verfolgungsmaßnahmen zurückzuführen sind, erübrigte sich eine vertrauensärztliche Untersuchung.« Else verklagt das Land Berlin. Die gegnerischen Parteien schließen einen Vergleich. Am 13. April 1965 verpflichtet sich die Beklagte, vertreten durch den Direktor des Entschädigungsamts, in einer öffentlichen Sitzung des Kammergerichts zur Zahlung einer Entschädigung in Höhe von 5000 D-Mark.

Der jahrelange Kleinkrieg mit den Ämtern muss für die Antragsteller eine zutiefst demütigende Erfahrung gewesen sein. Wie lästige Bittsteller hat man sie behandelt. Die Caros und die Glücksteins sind hartnäckig geblieben. Es steht zu hoffen, dass sie mit der Zeit eine gewisse ironische Distanz gegenüber den behördlichen Umgangsformen entwickelt haben.

Dr. Hillel Abramsohn, der nun auch wieder Hermann heißen darf, erhält im Januar 1946 als in sternpflichtiger Mischehe lebender Volljude, ohne Anführungszeichen, vom Hauptausschuss seinen OdF-Ausweis und außerdem seine ärztliche Approbation zurück. Der Kontakt zur Familie Caro ist nicht abgerissen. Werner begibt sich gleich am Jahresbeginn in die Behandlung des ehemaligen Hausarztes. 1957 stellt Abramsohn einen Entschädigungsantrag, weil er, so das Vorgedruckte, als »Berechtigter Ansprüche aus der Verfolgung eines anderen ableitet«. Es geht um seine Schwester, die im KZ Theresienstadt umgekommene Schauspielerin Jenny Marba-Borée. Aus dem Antrag geht hervor, dass eine zweite Schwester, Ernestine Twerjie geb. Abramsohn, im polnischen Kowno verschollen und ein Bruder, Isidor Abramsohn, am 20. April 1942 in Warschau zu Tode gekommen ist. Die Schauspielerinnen Elsa Wagner und Ida Wüst geben schriftliche Erklärungen ab, dass Jenny Marba-Borée eine vielbeschäftigte Kollegin am Theater gewesen sei und mit Sicherheit 800 oder mehr Reichsmark pro Monat verdient habe. Der Antrag wird im August 1959 abgelehnt, »weil der Antragsteller als Alleinerbe seinen Wohnsitz im sowjetisch besetzten Sektor von Berlin hat«. In der Tat ist das Entschädigungsamt Berlin nur für die drei Westsektoren zuständig. In der DDR und ihrer Hauptstadt haben die Verfolgten des Naziregimes (VdN) keinen Anspruch auf Entschädigung. Erst ab Ende der sechziger Jahre erhalten sie, als »Ehrenpension«, eine VdN-Rente. Aber da lebt Hermann Hillel Abramsohn nicht mehr. Er ist am 20. August 1960 im Alter von zweiundachtzig Jahren gestorben.

Salomon Bernstein, genannt Sally, kann keinen Antrag mehr stellen. Am 7. Mai 1947 stirbt der Freund der Familie Caro mit einundsechzig Jahren als »stateless refugee« im ehemaligen Ghetto Hongkew in Shanghai an Amöbenruhr. Seiner Frau Erna gelingt 1951 die Weiterreise nach New York.

ELFTES KAPITEL
Die Täter

In New York lebt vielleicht auch Rolf Isaaksohn. Einem Freund hat er in den vierziger Jahren erzählt, er wolle nach dem Krieg unbedingt nach Amerika. Am 17. April 1945 ist er zum letzten Mal gesehen worden, am Bahnhof Zoo, als er über Lübeck nach Dänemark fliehen wollte. Das hat er beim Abschied zu Stella gesagt und damit möglicherweise eine falsche Spur gelegt. Im März 1946 lässt die Berliner Polizei eine Unzahl von Steckbriefen drucken und leitet eine deutschlandweite Großfahndung ein. Vergeblich. 1957 erklärt das Amtsgericht Schöneberg Rolf Isaaksohn für tot.

Stella Isaaksohn bekommt in ihrem Versteck in Bad Liebenwalde ein Kind, dessen Vater nicht ihr verschwundener Ehemann ist, sondern ein anderer ehemaliger Mithäftling. Ihr gerät die eigene Chuzpe, mit der sie die Anerkennung als Opfer des Faschismus beantragt, zum Verhängnis. Jüdische Überlebende erkennen sie wieder und zeigen sie an. Nach ihrer Verhaftung im März 1946 und ihrer Vernehmung im Berliner Polizeipräsidium wird Stella an die sowjetische Besatzungsmacht überstellt. Ein Militärtribunal verurteilt sie Ende Mai wegen Verbrechen gegen die Menschlichkeit zu zehn Jahren Zwangsarbeit. Nach verbüßter Haft in den sowjetischen Speziallagern Torgau und Sachsenhausen sowie in den Zuchthäusern Hoheneck und Waldheim in der DDR wird Stella Isaaksohn im Januar 1956 als schwerkranke Frau entlassen. Die Jüdische Gemeinde in West-Berlin setzt ein neues Strafverfahren in Gang. Im Sommer 1957 wird Stella wegen Beihilfe zum Mord und Freiheitsberaubung mit Todesfolge noch einmal zu zehn Jahren Zuchthaus verurteilt, die jedoch als bereits verbüßt gelten. Ihre Tochter wandert 1967 nach Israel aus. 1994 bringt sich die insgesamt fünfmal verheiratete Stella geborene Goldschlag im Alter von zweiundsiebzig Jahren um.

Paul Reckzeh wird im Mai 1945 von ehemaligen Opfern angezeigt und vom sowjetischen Geheimdienst verhaftet. Die nächsten fünf Jahre verbringt er als Häftling in den Speziallagern Frankfurt/Oder, Jamlitz, Mühlberg und Buchenwald. 1950 lösen die Sowjets ihre Lager auf und überlassen die Gefangenen den Behörden der DDR. In einem der sogenannten Waldheim-Prozesse verurteilt das Gericht den ehemaligen Gestapo-Spitzel zu fünfzehn Jahren Zuchthaus. Massive Proteste gegen die Beugung rechtsstaatlicher Regeln in diesen Prozessen veranlassen die DDR-Justiz zu einer Amnestie für zahlreiche Gefangene. Reckzeh wird 1952 freigelassen und lebt vorübergehend in West-Berlin. Das dortige Kammergericht erklärt zwei Jahre später die Waldheim-Urteile für nichtig. Um einem erneuten Prozess zu entgehen, flüchtet Reckzeh in die DDR zurück und erhält dort »als Verfolgter des Klassenfeindes« Asyl. Jahrelang arbeitet er als leitender Arzt in verschiedenen Krankenhäusern. 1964 beantragt das Komitee der Antifaschistischen Widerstandskämpfer beim Ministerium für Staatssicherheit Berufsverbot. Der Antrag wird abgelehnt: Reckzeh habe seine Strafe verbüßt. Erst nach dem Fall der Berliner Mauer kommt ein Wiederaufnahmeverfahren auf den Weg. Klägerin ist Irmgard Ruppel, die Tochter des ehemaligen Angehörigen des Solf-Kreises Arthur Zarden, der sich 1944 aus einem Gefängnisfenster in den Tod gestürzt hat. Das gegen Reckzeh wegen Beihilfe zum Mord an Elisabeth von Thadden und Otto Kiep eingeleitete Ermittlungsverfahren wird 1993 wegen Verjährung eingestellt. Paul Reckzeh stirbt am 31. März 1996 im Alter von dreiundachtzig Jahren in Hamburg. Herbert Lange, Reckzehs ehemaliger »Führer« beim Reichssicherheitshauptamt, wird weder angezeigt noch verurteilt. Er soll am 20. April 1945 während der Schlacht um Berlin umgekommen sein.

Walter Dobberke, der ehemalige Leiter der Sammellager in der Großen Hamburger Straße und Schulstraße, findet keine Gelegenheit mehr, von seinen Häftlingen »Persilscheine« einzufordern. Gleich 1945 nehmen ihn die Sowjets fest, und er stirbt in einem Gefangenenlager an Diphtherie. Werner Caros Folterer Erich Möller taucht unter, wird von den Behörden nie gefunden und 1991 für tot erklärt.

Werner Togotzes ist seiner Karriere zuliebe 1940 endlich in die NSDAP ein- und aus der evangelischen Kirche ausgetreten. 1943 wird er zum Kriminaldirektor, SS-Sturmbannführer und Leiter der Berliner Mordkommission befördert und klärt noch manch spektakulären Kriminalfall auf. Im Jahr 1944 ist er vorrangig mit der »Bekämpfung von Ostarbeiterbanden« beschäftigt. Aus den Lagern entflohene polnische und russische Zwangsarbeiter, die sich zu bewaffneten Gruppen zusammengeschlossen haben, müssen dingfest gemacht und zwecks Liquidierung der Gestapo übergeben werden. Das Monatsgehalt des Kriminaldirektors beträgt bis Kriegsende 751,14 Reichsmark – also die Hälfte des Verdienstes von Walter Caro im Jahr 1938. Aber seinen ehemaligen Mordverdächtigen hat Togotzes längst vergessen. Am 22. April 1945 flüchtet er mit Hunderten anderer Polizisten aus Berlin, schlägt Haken durch die feindlichen Linien, gerät nach Halle, lebt dort versteckt mit seiner Familie und kehrt aus Angst vor Denunziation nach Berlin zurück.

Dank diesem Abstecher an die Saale wird Togotzes als »politischer Flüchtling aus der Ostzone« anerkannt und vom Sozialamt Schöneberg betreut. Im Februar 1950 stellt er beim Spruchausschuss Schöneberg von Großberlin einen Antrag auf Entnazifizierung. Schließlich will er wieder in seinem Beruf arbeiten. Sein Eintritt in die NSDAP sei auf dienstlichen Befehl erfolgt, dem er sich »ohne schwerwiegende Folgen« nicht habe entziehen können. Wohlweislich unterschlägt er seine Teilnahme am Überfall auf Polen als Mitglied eines Einsatzkommandos. Stattdessen versichert er, »zu keiner Zeit SS-Dienst« getan zu haben. Überhaupt sei er lediglich automatisch an die SS »angeglichen« worden. Togotzes beruft sich dabei auf die eidesstattlichen Erklärungen zweier in den Nürnberger Nachfolgeprozessen angeklagter Polizeibeamter: Kriminaldirektor und SS-Sturmbannführer Walter Zirpins und Georg Schraepel, SS-Standartenführer und Regierungsdirektor bei der Sicherheitspolizei, setzen 1946 die Lüge von der unpolitischen Kriminalpolizei und deren unfreiwilliger »Dienstangleichung« an die SS in die Welt, eine Lüge, die noch über Jahrzehnte zäh verteidigt wird. Seinem Antrag legt Togotzes vier »Persilscheine« bei, die ihm demokratisches Denken und Verhalten, scharfe Kritik am NS-System und »edle, menschliche Charaktereigenschaften« attestieren. Ein Jahr später erfolgt der Spruchentscheid. Wegen seiner politischen Belastung wird Togotzes »eine zeitliche Sühnemaßnahme von 1½ Jahren auferlegt«. Ob es sich dabei um Räumarbeiten, Steineklopfen oder Torfstechen handelt, ist nicht dokumentiert. Der Spruchausschuss setzt den ermittelten Vermögenswert des Betroffenen auf 120 D-Mark fest und errechnet daraus die Entnazifizierungsgebühr von 2 D-Mark und eine Verwaltungsgebühr von 25 D-Mark. Nach Zahlung der 27 D-Mark »erhält der Betroffene die Rehabilitierung ausgehändigt«. Bald nach Abarbeitung der »Sühnemaßnahme« wird Togotzes 1954 zum Leiter der West-Berliner Mordkommission ernannt. Zehn Jahre später, da ist er schon im Ruhestand, holt ihn die Vergangenheit noch einmal ein.

Im September 1964 erreicht den Generalstaatsanwalt beim Kammergericht Berlin ein Schreiben des Leiters der Zentralstelle im Lande Nordrhein-Westfalen für die Bearbeitung von nationalsozialistischen Massenverbrechen bei dem Oberstaatsanwalt in Dortmund. In einem Ermittlungsverfahren »gegen Hohmann u. a.« habe der angeklagte Kriminaldirektor a. D. Paul Hohmann einen Werner Togotzes benannt, der im Einsatzkommando Robert Schefe der Einsatzgruppe V unter Leitung von Ernst Damzog »gewesen sein soll«. Vier Wochen später wird Togotzes auf Ersuchen des Generalstaatsanwalts im

Berliner Polizeipräsidium vernommen. Er sei 1939 »nicht im Einsatz« gewesen, gibt er an, sondern mit zwei Beamten »nach Allenstein zum Schutz der Tannenbergfeier kommandiert worden«. Die Kommandierung habe für ihn »schon nach kurzer Zeit durch einen schweren Autounfall« geendet. In der Tat feiern die Nationalsozialisten in jedem Jahr den deutschen Sieg über die russische Armee in der Schlacht von Tannenberg vom 27. August 1914 mit großem propagandistischem Aufwand. In dem 1927 errichteten Denkmal ist Reichspräsident Paul von Hindenburg, der »Held von Tannenberg«, 1934 mit allem Pomp zu Grabe getragen worden. »Auf Befragen« gibt Togotzes zu, dass er später straffällig gewordene »Angehörige der Ost-Staaten«, vor 1945 besser bekannt als »Ostarbeiterbanden«, der Gestapo überstellt habe. Über den Fortgang der Verfahren sei die Kripo nicht unterrichtet worden. Der Pensionär kann erst einmal unbehelligt nach Hause gehen, aber drei Jahre später werden die Ermittlungen noch einmal aufgenommen.

Im August 1967 muss Togotzes seine frühere Aussage korrigieren. »Kurze Zeit vor Ausbruch des Polenfeldzuges« habe ihn die Kripoleitstelle nach Allenstein abgeordnet und dem Einsatzkommando von Robert Schefe zugeteilt. »Es ist möglich, dass es sich dabei um die Einsatzgruppe V gehandelt hat.« Sein Einsatzkommando sei »dicht hinter der Wehrmacht her« nach Danzig und Thorn gezogen. Sein eigener Einsatz habe wegen des bereits erwähnten Autounfalls nur vierzehn Tage gedauert. Während seiner kurzen Tätigkeit im Einsatzkommando seien ihm, so der Zeuge weiter, keinerlei Festnahmen oder Tötungen polnischer Volkszugehöriger bekannt geworden. Seine Aufgabe sei es gewesen, »strafbare Handlungen zu verfolgen«. So habe er einmal, »als Polen jüdische Geschäfte plünderten, Lederwaren sichergestellt«. Nein, Ernst Damzog, dem Leiter der Einsatzgruppe, sei er nie persönlich begegnet. Nun hat sich der Generalstaatsanwalt zwar vom Berlin Document Center der U.S. Forces die SS-Personalakte von Werner Togotzes kommen lassen, jedoch hat niemand an dessen Krankenakte des Staatskrankenhauses der Polizei gedacht. Aus ihr wäre ersichtlich gewesen, dass sich der »vorgeladene Zeuge« nicht zwei, sondern bis zum Unfall am 11. Oktober 1939 über sechs Wochen in Polen aufgehalten hat.

Ab diesem Zeitpunkt belästigen die Behörden Werner Togotzes nicht länger. Die Presse mag ihn. In der Serie »Prominente von einst – so leben sie heute« erscheint in der *Welt am Sonntag* am 13. Juli 1975 der reich bebilderte Artikel »Der Mann, der Berlins größte Mordfälle geklärt hat«. Nach dessen Tod druckt die *Berliner Morgenpost* am 1. September 1976 einen Dreispalter »Abschied von Werner Togotzes« ab. Der Nachruf schließt mit den Worten: »Er war ein braver Mann«.

Nachdem Kriminalrat und SS-Hauptsturmführer Theo Saevecke, wie aus den Akten ersichtlich, 1942 in Libyen und Tunesien »mit großem Erfolg die Judenfrage bearbeitet« hat, avanciert er zum »Henker von Mailand«. So heißt der neue Gestapo-Chef bei den Italienern, nachdem er 1944 einen Anschlag auf die Besatzer mit der öffentlichen Erschießung von fünfzehn Geiseln vergolten und die Deportation von über siebenhundert Juden veranlasst hat. Im April 1945 nehmen ihn alliierte Truppen gefangen.

Im Februar 1949 stellt Saevecke – »sofern ein solcher in meinem Falle überhaupt notwendig ist« – in Berlin seinen Entnazifizierungsantrag. Seit April 1945 habe er sich in US-amerikanischer Internierungshaft in Dachau befunden und sei mit anderen »nicht persönlich Belasteten« im April 1948 entlassen worden. Er habe inzwischen auf Anordnung des Arbeitsamtes über ein halbes Jahr »schwerste freiwillige Aufbauarbeit« als Gleisbauarbeiter geleistet und bitte nun »ergebenst um baldige Klärung« seiner Eingabe. In einem der beiden beigefügten »Persilscheine« bescheinigt ihm ein ehemaliger Kollege, dass sich Saevecke stets für die Beförderung von Nicht-Parteigenossen eingesetzt und seine Aufnahme in die SS abgelehnt habe. Der zweite Exkollege hat in seiner »34jährigen Dienstzeit als Kriminalbeamter […] keinen besseren Menschen mit einem solchen ausgeprägten Gerechtigkeitsgefühl kennengelernt«. Der Spruchausschuss Neukölln von Großberlin verhängt im Juli 1950 eine »Sühnezeit« von achtzehn Monaten, schätzt Saeveckes Vermögen auf 700 D-Mark und errechnet daraus eine Entnazifizierungsgebühr von 14 D-Mark. Die Kosten des Verfahrens in Höhe von 50 D-Mark werden dem »Betroffenen« ebenfalls auferlegt. Die Begründung für den Spruchentscheid: »Die Ermittlungen ergaben keine besonderen Belastungen«.

Das Leben des Abenteurers Theo Saevecke entwickelt sich nach 1945 zum Agententhriller. Schon während seiner Internierung soll ihn – trotz oder wegen seiner Vergangenheit – die amerikanische Central Intelligence Agency (CIA) angeworben haben. Nun heuert ihn die CIA in Berlin an, die ihn als wertvolle nachrichtendienstliche Quelle einschätzt. Seit den frühen fünfziger Jahren arbeitet der

CIA-Agent zusätzlich für das Bundeskriminalamt (BKA) und wird dort 1956 ausgerechnet zum Leiter des Referats Hoch- und Landesverrat befördert. Italien fordert unterdessen Saeveckes Verhaftung. Ein vom Bundesinnenministerium eingeleitetes Disziplinarverfahren gegen den vorübergehend vom BKA Suspendierten wird nach einigen Monaten aus Mangel an Beweisen eingestellt. Im Oktober 1962 beteiligt sich Saevecke in führender Funktion an der Durchsuchungs- und Verhaftungsaktion gegen das Nachrichtenmagazin *Der Spiegel*. Seine auffällige Rolle in der »Spiegel-Affäre« macht die Presse auf seine Vergangenheit aufmerksam. Italien fordert zum zweiten Mal seine Verhaftung. In einer Fragestunde des Deutschen Bundestags stellt sich Innenminister Hermann Höcherl vor seinen »befähigten Beamten«, wertet dessen SS-Zugehörigkeit als »unfreiwillige Dienstgradangleichung« und beruft sich auf die 1950 erfolgte Entnazifizierung. Ein weiteres Disziplinarverfahren folgt, das wiederum aus Mangel an Beweisen eingestellt wird.

Aufgrund des öffentlichen Interesses an seiner Person wird Saevecke angeblich dienstenthoben, in Wirklichkeit jedoch auf einen unauffälligeren Posten versetzt: 1964 verschwindet er im Auftrag des BKA als Sicherheitschef im Bonner Regierungsbunker, den es offiziell gar nicht gibt, und taucht erst 1971 zu seiner Pensionierung wieder auf. Alle auch in den Folgejahren gegen Saevecke angestrengten Ermittlungen verlaufen im Sande. In Rom werden 1994 Akten über den einstigen Gestapo-Chef entdeckt, die Mitte der sechziger Jahre von den italienischen Militärjustizbehörden – im Einvernehmen mit der CIA?, dem BKA? – unter Verschluss genommen worden waren.

Als es 1997 zu Vorermittlungen kommt, fordert Italien die Auslieferung des Kriegsverbrechers. Sie unterbleibt mit Berufung auf das Grundgesetz. Deutsche Staatsbürger dürfen nicht ausgeliefert werden. Das zuständige Militärgericht in Turin verurteilt Theo Saevecke 1999 wegen der von ihm befohlenen Geiselerschießungen zu lebenslänglicher Haft – in Abwesenheit. Der Deportationsbefehl ist nicht Gegenstand des Verfahrens. Unbehelligt stirbt Theo Saevecke ein Jahr später im gesegneten Alter von neunundachtzig Jahren.

Über die Idee, aus drei Sätzen, die er einmal geschrieben und längst vergessen hat, einen Buchtitel herzuleiten, hätte der Pensionär wohl verständnislos den Kopf geschüttelt. Auf den Gedanken, dass sie ein Schlaglicht auf die grausame Ironie der Geschichte werfen könnten, wäre er vermutlich nicht gekommen.

EPILOG

Kurt und Werner Caro haben gewollt, dass die Erinnerung an ihren Bruder wach bleibt. Auf dem Sockel des Grabsteins für ihre Eltern auf dem Jüdischen Friedhof Weißensee haben sie eine Gedenktafel anbringen lassen: »Walter Caro / Geb. 23.5.1899 / Aus Auschwitz nicht zurückgekehrt. / Du lebst in uns fort.« Auf dem Jüdischen Friedhof Heerstraße umrunden kleine Gedenksteine einen großen, der aus Trümmern der zerstörten Synagoge Fasanenstraße erbaut ist. Einer der kleinen Steine trägt die Inschrift: »Zum Gedenken / Unserem unvergessenen / Im KZ umgekommenen Bruder / Walter Caro / Geb. 29.5.1899 / Verstorben 1945«. Der Geburtstag ist falsch, warum auch immer. Drei Buchstaben sind im Lauf der Jahre abgefallen. ZUM EDE KEN NSEREM ist von den ersten drei Worten übrig geblieben. Die Lücken erweitern die Schrift zum Bild. Expressiver noch, als der vollständige Text es könnte, sprechen sie von einem gewaltsam abgebrochenen Leben. Auch Trauer über die Abwesenheit von Erinnerung ist in den Lücken aufbewahrt. In einiger Entfernung vom Gedenkstein liegt das Doppelgrab der Eheleute Kurt und Frida Caro. »Geliebt und unvergessen«. Auch Werner Caro ist schon lange tot, ebenso Else und Charlotte Glückstein. Nach und nach haben sich ihre Lebensgeschichten in der ungeheuerlichen Menge an Fakten, Daten und Zahlen der großen Geschichte verloren. Eher

Gedenkstein für Walter Caro
auf dem Jüdischen Friedhof Heerstraße
Aufnahme: April 2010. Inzwischen wurde der Stein restauriert.

zufällig habe ich wiedergefunden, was von ihnen übrig geblieben ist.

Wäre nicht im September 1938 das Mannequin Tilly Albrecht ermordet worden, hätten sich manche Wege nie gekreuzt, und ohne die Aufklärung des Verbrechens wären manche Verknüpfungen unbekannt geblieben. Erst dieses Vorwissen hat mich befähigt, die auf verschiedene Archive verteilten Dokumente miteinander in Beziehung zu setzen. So wurde die »Mordakte Albrecht« zum Ausgangspunkt für alle folgenden Recherchen. Sie war, um auf das Bild des verbrannten Koffers zurückzukommen, »der Boden mit den Scharnieren«, der die Freilegung verschütteter Zusammenhänge überhaupt ermöglicht hat.

An Tilly Albrecht erinnert kein Grabstein. Heute zeugen von ihrem Leben und Sterben neben der Mordakte nur noch das Aufnahmebuch der Gerichtsmedizin und die Sterbeurkunde des Standesamtes. Im Leichenschauhaus Hannoversche Straße wurde die Tote am 17. September 1938 als »Leichen-Nr. 123« registriert. Nach der Obduktion am 19. September erfolgte »die Freigabe der Leiche zur Beerdigung, auch zur etwaigen Feuerbestattung«. Angehörige konnten nicht ermittelt werden. Die Urne mit der Asche Tilly Albrechts wurde außerhalb Berlins auf dem Südwestkirchhof Stahnsdorf anonym begraben.

DANK

Freundliche Auskünfte und hilfreiche Hinweise gaben mir Jürgen Bogdahn, Entschädigungsbehörde Berlin; Alfred Gottwaldt, Stiftung Deutsches Technikmuseum Berlin; Andreas Herbst, Gedenkstätte Deutscher Widerstand, Berlin; Klaus Hesse, Stiftung Topographie des Terrors, Berlin; Cordula Hundertmark, Mahn- und Gedenkstätte Ravensbrück; Michael Kohlstruck und Winfried Meyer, Zentrum für Antisemitismusforschung der Technischen Universität Berlin; Megan Koreman, Amsterdam; Astrid Pleyer, KZ-Gedenkstätte Flossenbürg; Margret Schmidt, Internationaler Suchdienst Bad Arolsen; Karen Tessel, Netherlands Institute for War Documentation; Thomas Ulbrich, Brandenburgisches Landeshauptarchiv, Potsdam; Anna Ullrich, United States Holocaust Memorial Museum, Washington; Barbara Welker, Stiftung Neue Synagoge Berlin – Centrum Judaicum. Auch die Mitarbeiterinnen und Mitarbeiter des Bundesarchivs und des Landesarchivs Berlin haben mich nach Kräften unterstützt.

Bert Buchholz vom Evangelischen Landeskirchlichen Archiv in Berlin, Christian Heimbürge vom Bundesamt für zentrale Dienste und offene Vermögensfragen und Krystyna Lesniak vom Państwowe Muzeum Auschwitz-Birkenau haben ihre Recherchen für mein Projekt mit einem persönlichen Engagement verbunden, das mir wohlgetan hat. Beate Meyer vom Institut für die Geschichte der deutschen Juden, Hamburg, hat mit unendlicher Geduld meine zahlreichen Detailfragen zum Thema »Mischlinge« und »Mischehen« beantwortet. Harold Selowski, verantwortlich für Konzeption und Einrichtung der Polizeihistorischen Sammlung im Polizeipräsidium Berlin, hat mich großzügig an seinen profunden Kenntnissen über die Polizei im NS-Staat teilhaben lassen. Hermann Simon von der Stiftung Neue Synagoge Berlin – Centrum Judaicum wäre gern ein spontaner Helfer in der Not gewesen.

Renate Jakobson hat mir die Tür zu Ingomar von Kieseritzky und damit zu dem Tatort geöffnet, an dem das Mannequin Tilly Albrecht im September 1938 ermordet worden ist. Karolin Steinke hat den Kontakt zu Knut Elstermann, dem Autor von »Gerdas Schweigen«, hergestellt, der mich wiederum mit Vera Friedländer bekannt gemacht hat, die in ihrem Buch »Man kann nicht eine halbe Jüdin sein« über das Schicksal ihrer Verwandten Tawrigowski genannt Friedländer schreibt. Mit Ernst Wasmuth konnte ich ausführlich über das Schicksal seines Vaters sprechen. Gudrun Reichhardt Drechsler hat mir ihre Erinnerungen an ihre Schwiegermutter Charlotte Drechsler anvertraut und mein Projekt mit großer Anteilnahme begleitet. Ein freundschaftlicher Hinweis von Roswitha Gehrmann hat dazu beigetragen, dass ich den hartnäckigsten Rechercheknoten auflösen konnte.

Elisabeth Ruge war von meinem lapidaren Exposé so überzeugt, dass sie das noch ungeschriebene Buch sofort unter Vertrag genommen hat. Mit Malte Ritter, der schon meinen Erstling, »Der verschwundene Journalist«, klug und konstruktiv lektoriert hat, habe ich wieder eine angenehme und anregende Teamarbeit erlebt.

Der erste Leser des Manuskripts ist mein Mann, Peter Hahn, gewesen. Er hat mich ermutigt, bestärkt, mir den Rücken freigehalten und war immer für mich da.

Ihnen allen sei von Herzen gedankt.

QUELLEN UND LITERATUR

ARCHIVE

Brandenburgisches Landeshauptarchiv, Potsdam
Karteikarten der Vermögensverwertungsstelle des Oberfinanzpräsidenten Berlin-Brandenburg zu Siegfried Heumann und Walter Caro, ausgestellt 1943 und 1944 anlässlich ihrer Deportation; Rep. 36 A Nr. A 1683 Auswanderungs-Akte Albert Heumann 1933–1934

Bundesamt für zentrale Dienste und offene Vermögensfragen, Berlin
Entschädigungsakte Erben Siegfried Heumann 1965–1968 (Auszug)

Bundesarchiv Berlin
BArch: DO/1/24132 Akte 18 Strafverfahren Paul Reckzeh wegen Verbrechens nach Direktive 38 des Alliierten Kontrollrates 1945–1946; DY 55 V/278 Berichte überlebender KZ-Häftlinge 1945 ff.; NJ 1720 Prozessakte Havemann u. a. 1944; R 1 Volkszählung vom 17.05.1939 Ergänzungskarten für Angaben über Abstammung und Vorbildung aus dem Bestand R 1509 Reichssippenamt; R 19 Nr. 2839 Personalakte Paul Reckzeh 1942; R 19/3185 Nr. 677, 1164, 1165 Staatskrankenhaus der Polizei, Krankenblätter Werner Togotzes 1936–1941; R 58 RSHA Schutzhaft-Karteikarte Charlotte Glückstein 1944; R 58 RSHA Schutzhaft-Karteikarte Rolf Isaaksohn 1944; R 58/3190 RSHA Abt. IV Lichtbildverzeichnis und Lichtbilder Havemann u. a. (Kurt Caro, Walter Caro, Charlotte Glückstein) 1944; RS/A 5524 Nr. 2095 ff. Sippenakte Walter Dobberke 1939; RS/F 123 Sippenakte Theo Saevecke 1939; SSO SS/321 A SS-Führerpersonalakte Erich Möller 1932–1944; SSO 2 SS/185 B SS-Führerpersonalakte

Werner Togotzes 1938–1942; ZR 161 A.1 Personalakte Erich Möller
1936–1938; ZR 213 Personalakte Theo Saevecke 1940–1942

Internationaler Suchdienst Bad Arolsen
Amt für die Erfassung der Kriegsopfer, Karteikarte Walter Caro 1948;
Antrag Charlotte Glückstein auf Inhaftierungsbescheinigung an die
Allied High Commission for Germany International Tracing Service
Headquarters U. S. Army 1952

Landesamt für Bürger- und Ordnungsangelegenheiten Abt. I
Entschädigungsbehörde Berlin
Reg. Nr. 1331 und Reg. Nr. 319739 Entschädigungsakten Charlotte
Drechsler geb. Glückstein 1951–1956 und 1957–1962; Reg. Nr. 3837
Entschädigungsakte Werner Caro 1946–1963; Reg. Nr. 50874 I Ent-
schädigungsakte Kurt Caro 1946–1958; Reg. Nr. 319857 Entschä-
digungsantrag Hermann Hillel Abramsohn für Jenny Marba-Borée
1957–1958; Reg. Nr. 333125 Entschädigungsakte Frida Caro 1957–
1979; Reg. Nr. 334627 Entschädigungsantrag Erna Bernstein für
Salomon Bernstein 1954; Reg. Nr. 344332 Entschädigungsakte Else
Glückstein 1957–1965

Landesarchiv Berlin
LAB: A Pr.Br.Rep. 030-03 Nr. 958 Staatl. Polizeiverwaltung Berlin,
Kartei für Mordsachen, Raubmord-Akte Mathilde Albrecht 1938;
A Pr.Br.Rep. 942 Nr. 2768 Preußische Bau- und Finanzdirektion,
Kaufvertrag Grundstück Paul Reckzeh 1942; A Rep. 342-02 Nr. 35113
Amtsgericht Berlin, Handelsregister, Firma Siegfried Heumann 1913–
1939; A Rep. 342-02 Nr. 29247 Amtsgericht Berlin, Handelsregister,
Firma Wolf & Geppert 1939–1945; A Rep. 355 Nr. 18617 Akte Rolf
Isaaksohn; A Rep. 358-02 Nr. 94376 Generalstaatsanwaltschaft beim
Landgericht Berlin, Strafverfahren 1933–1945, Wirtschaftsvergehen
Burse u. a. 1944, Aussagen Werner Caro; B Rep. 025-01 Nr. 374/63,
B Rep. 025 Nr. 53 WGA 1262/61, B Rep. 025-05 Nr. 1262/61 Rück-
erstattungssache Charlotte Drechsler geb. Glückstein 1961–1965;
B Rep. 025 Nr. 14 WGA 373-376/63 Rückerstattungssache Werner
Caro ./. Deutsches Reich 1963–1965; B Rep. 031-03-03 Nr. 101

146

Entnazifizierungsakte Theo Saevecke 1947–1950; B Rep. 031-03-05
Nr. 3372 Entnazifizierungsakte Werner Togotzes 1946–1951; B Rep.
042 Nr. 38538 Amtsgericht Berlin, Handelsregister, Firma Charlotte
Drechsler 1952–1971; B Rep. 042 Nr. 42024 Amtsgericht Berlin, Han-
delsregister, Firma Werner Caro 1946–1975; B Rep. 057-01 Nr. 3084
Generalstaatsanwaltschaft beim Kammergericht Berlin, Verfahren ./.
Werner Togotzes 1946–1967; B Rep. 058 Nr. 9 Staatsanwaltschaft beim
Landgericht Berlin, Zeugenaussagen Hermann Hillel Abramsohn und
Werner Caro 1965 Verfahrensvorbereitung ./. Otto Bovensiepen u. a.
wegen Beteiligung der Staatspolizeileitstelle Berlin an der Deportation
und Ermordung der Berliner Juden; B Rep. 058 Nr. 115 Zeugen-
aussagen betreffend Walter Dobberke 1965; C Rep. 118-01 Nr. 30225
Hauptausschuss OdF Referat VdN Versorgungsakte Hermann Hillel
Abramsohn 1952–1960; C Rep. 118-01 Nr. 30338 Hauptausschuss
OdF Referat VdN Versorgungsakte Kurt Caro 1946–1950; C Rep.
375-01-07 Nr. 2 Akte Rolf Isaaksohn 1946–1957; C Rep. 375-01-20
Nr. 641 Akte 7 NSDAP-Akte Werner Togotzes 1939–1944

Państwowe Muzeum Auschwitz-Birkenau, Oświęcim
Transportliste 51. Osttransport 18.4.1944 mit Begleitschreiben der
Geheimen Staatspolizei an den Oberfinanzpräsidenten

Standesamt Charlottenburg-Wilmersdorf von Berlin
Sterbeurkunde Mathilde Albrecht

Stiftung Deutsches Rundfunkarchiv, Frankfurt/Main
Aufzeichnung der Nachrichtensendungen vom 16. September 1938

Stiftung Neue Synagoge Berlin – Centrum Judaicum
Fragebogen der Jüdischen Gemeinde zu Berlin für Kurt Caro; OdF-
Karteikarte Frida Caro

Universitätsarchiv der Humboldt-Universität Berlin
Aufnahmeblatt Mathilde Albrecht im Aufnahmebuch der Gerichtsmedizin

AUSKÜNFTE

Brandenburgisches Landeshauptarchiv, Potsdam; Bundesamt für zentrale Dienste und offene Vermögensfragen, Berlin; Bundesarchiv Berlin; Bundesarchiv-Militärarchiv Freiburg; Evangelisches Landeskirchliches Archiv in Berlin; Gedenkstätte Deutscher Widerstand, Berlin; Institut für die Geschichte der deutschen Juden, Hamburg; Internationaler Suchdienst Bad Arolsen; Jüdischer Friedhof Heerstraße, Berlin; Jüdischer Friedhof Weißensee, Berlin; KZ-Gedenkstätte Flossenbürg; Landesamt für Bürger- und Ordnungsangelegenheiten Abt. I Entschädigungsbehörde, Berlin; Landesarchiv Berlin; Mahn- und Gedenkstätte Ravensbrück; Netherlands Institute for War Documentation; Państwowe Muzeum Auschwitz-Birkenau, Oświęcim; Polizeihistorische Sammlung, Berlin; Sammlung Modebild, Lipperheidesche Kostümbibliothek, Kunstbibliothek Staatliche Museen zu Berlin; Stiftung Deutsches Technikmuseum Berlin; Stiftung Neue Synagoge Berlin – Centrum Judaicum; Stiftung Topographie des Terrors, Berlin; United States Holocaust Memorial Museum, Washington; Zentrum für Antisemitismusforschung der Technischen Universität Berlin

LITERATUR

Armbrüster, Georg, Michael Kohlstruck und Sonja Mühlberger (Hrsg.): *Exil Shanghai 1938–1947 – jüdisches Leben in der Emigration*, Berlin 2005

Banach, Jens: *Heydrichs Elite. Das Führerkorps der Sicherheitspolizei und des SD 1936–1945*, Paderborn 1998 (= Sammlung Schöningh zur Geschichte und Gegenwart)

Barzel, Amnon (Hrsg.): *Leben im Wartesaal. Exil in Shanghai 1938 1947*, Ausst.-Kat. Jüdisches Museum im Stadtmuseum Berlin, Berlin 1997

Benz, Wolfgang (Hrsg.): *Überleben im Dritten Reich, Juden im Untergrund und ihre Helfer*, München 2003

Benz, Wolfgang, und Barbara Distel (Hrsg.): *Flossenbürg. Das Konzentrationslager Flossenbürg und seine Außenlager*, München 2007

Bergmann, Karl Hans: *Die Bewegung »Freies Deutschland« in der Schweiz 1943–1945*, München 1974

Biggeleben, Christof, Beate Schreiber und Kilian J. L. Steiner (Hrsg.): *»Arisierung« in Berlin*, Berlin 2007

Cohn, Heinz, und Erich Gottfeld: *Auswanderungsvorschriften für Juden in Deutschland*, hrsg. vom Hilfsverein der Juden in Deutschland e. V., Berlin 1938

Delius, Friedrich Christian: *Mein Jahr als Mörder*, Berlin 2004

Deutsche Hochschule der Polizei, Münster – Florian Dierl, Mariana Hausleitner, Martin Hölzl und Andreas Mix (Hrsg.): *Ordnung und Vernichtung. Die Polizei im NS-Staat*, Ausst.-Kat. Deutsches Historisches Museum Berlin, Dresden 2011

Elkin, Rivka: *Das Jüdische Krankenhaus in Berlin zwischen 1938 und 1945*, hrsg. vom Förderverein Freunde des Jüdischen Krankenhauses in Berlin e. V., aus dem Hebräischen von Andrea Schatz, Berlin 1993

Elstermann, Knut: *Gerdas Schweigen. Die Geschichte einer Überlebenden*, Berlin 2005

Essner, Cornelia: *Die »Nürnberger Gesetze« oder Die Verwaltung des Rassenwahns 1933–1945*, Paderborn 2002

Fehrs, Jörg H.: *Von der Heidereutergasse zum Roseneck. Jüdische Schulen in Berlin 1712–1942*, hrsg. von der Arbeitsgruppe Pädagogisches Museum e. V., Berlin 1993 (= Deutsche Vergangenheit Nr. 90. Stätten der Geschichte Berlins)

Friedenberger, Martin: *Fiskalische Ausplünderung. Die Berliner Steuer- und Finanzverwaltung und die jüdische Bevölkerung 1933–1945*, Berlin 2008 (= Dokumente – Texte – Materialien, veröffentlicht vom Zentrum für Antisemitismusforschung der Technischen Universität Berlin, Bd. 69)

Friedländer, Vera: *Man kann nicht eine halbe Jüdin sein*, Berlin 2008 (= Autobiographien, Bd. 31, 4. aktualisierte Aufl.)

Gottwaldt, Alfred, und Diana Schulle: *Die »Judendeportationen« aus dem Deutschen Reich 1941–1945. Eine kommentierte Chronologie*, Wiesbaden 2005

Gruchmann, Lothar: *»Blutschutzgesetz« und Justiz. Zu Entstehung und Auswirkung des Nürnberger Gesetzes vom 15. September 1935*, in: Vierteljahrshefte für Zeitgeschichte, im Auftrag des Instituts für Zeitgeschichte München hrsg. von Karl Dietrich Bracher und Hans-Peter Schwarz, H. 3, Juli 1983, S. 418–442

Gruner, Wolf: *Widerstand in der Rosenstraße. Die Fabrik-Aktion und die Verfolgung der »Mischehen« 1943*, Frankfurt/Main 2005

Hannemann, Simone: *Robert Havemann und die Widerstandsgruppe »Europäische Union«. Eine Darstellung der Ereignisse und deren Interpretation nach 1945*, Berlin 2001 (= Schriftenreihe des Robert-Havemann-Archivs 6)

Hartung-von Doetinchem, Dagmar, und Rolf Winau (Hrsg.): *Zerstörte Fortschritte. Das Jüdische Krankenhaus in Berlin 1756–1861–1914–1989*, Berlin 1989

Hockerts, Hans Günter: *Wiedergutmachung in Deutschland. Eine historische Bilanz 1945–2000*, in: Vierteljahrshefte für Zeitgeschichte, im Auftrag des Instituts für Zeitgeschichte München hrsg. von Karl Dietrich Bracher, Hans-Peter Schwarz und Horst Möller, H. 2, April 2001, S. 167–214

Klemperer, Victor: *LTI. Notizbuch eines Philologen*, Leipzig 1996 (14. Aufl.)

Landesbildstelle Berlin (Hrsg.): *Die Grunewald-Rampe. Die Deportation der Berliner Juden*, Berlin 1993

Lindner, Michele: *Die Kriminalpolizei im NS-Staat*, in: Der Polizeipräsident in Berlin (Hrsg.), 200 Jahre Kriminalpolizei Berlin, Berlin 2011, S. 82–89

Lühe, Irmgard von der: *Elisabeth von Thadden. Ein Schicksal unserer Zeit*, Düsseldorf/Köln 1966

Mallmann, Klaus-Michael, Jochen Böhler und Jürgen Matthäus: *Einsatzgruppen in Polen. Darstellung und Dokumentation*, hrsg. im Auftrag des Deutschen Historischen Instituts Warschau und der Forschungsstelle Ludwigsburg der Universität Stuttgart, Darmstadt 2008 (= Veröffentlichungen der Forschungsstelle Ludwigsburg der Universität Stuttgart, Bd. 12, hrsg. von Klaus-Michael Mallmann)

Martin, Angela, und Claudia Schoppmann (Hrsg.): *»Ich fürchte die*

Menschen mehr als die Bomben«. Aus den Tagebüchern von drei
Berliner Frauen 1938–1945, hrsg. im Auftrag der Berliner Ge-
schichtswerkstatt e. V., Berlin 1996 (= Dokumente – Texte – Materialien, veröffentlicht vom Zentrum für Antisemitismusforschung
der Technischen Universität Berlin, Bd. 19)

Meyer, Beate: »Jüdische Mischlinge«. Rassenpolitik und Verfolgungs-
erfahrung 1933–1945, München und Hamburg 1999 (= Studien
zur jüdischen Geschichte Bd. 6, hrsg. von Monika Richarz und
Ina Lorenz)

Meyer, Beate, und Hermann Simon (Hrsg.): Juden in Berlin 1938–
1945. Begleitbuch zur Ausstellung der Stiftung »Neue Synagoge
Berlin – Centrum Judaicum«, Berlin 2000

Meyer, Winfried (Hrsg.): Verschwörer im KZ. Hans von Dohnanyi
und die Häftlinge des 20. Juli 1944 im KZ Sachsenhausen, Berlin
1998 (= Stiftung Brandenburgische Gedenkstätten, Bd. 5)

Mußgnug, Dorothee: Die Reichsfluchtsteuer 1931–1953, Berlin 1993
(= Schriften zur Rechtsgeschichte, H. 60)

Nachama, Andreas, Uwe Neumärker und Hermann Simon (Hrsg.):
»Es brennt!« Antijüdischer Terror im November 1938, Ausst.-Kat.
Stiftung Topographie des Terrors, Berlin o. J.

Przyrembel, Alexandra: »Rassenschande«. Reinheitsmythos und Ver-
nichtungslegitimation im Nationalsozialismus, Göttingen 2003
(= Veröffentlichungen des Max-Planck-Instituts für Geschichte,
Bd. 190)

Riesenburger, Martin: Das Licht verlöschte nicht. Ein Zeugnis aus der
Nacht des Faschismus, hrsg. und mit Beiträgen zur Erinnerung an
ein Berliner Rabbinerleben von Andreas Nachama und Hermann
Simon, Berlin 2003 (= Jüdische Memoiren, hrsg. von Hermann
Simon, Bd.5)

Rudolph, Katrin: Hilfe beim Sprung ins Nichts. Franz Kaufmann und
die Rettung von Juden und »nichtarischen« Christen, Berlin 2005
(= Dokumente – Texte – Materialien, veröffentlicht vom Zentrum
für Antisemitismusforschung der Technischen Universität Berlin,
Bd. 58)

Schilde, Kurt: Bürokratie des Todes. Lebensgeschichten jüdischer
Opfer des NS-Regimes im Spiegel der Finanzamtsakten, Berlin

2002 (= Dokumente – Texte – Materialien, veröffentlicht vom Zentrum für Antisemitismusforschung der Technischen Universität Berlin, Bd. 45)

Schmidt, Franz von: *Vorgeführt erscheint. Erlebte Kriminalistik*, Stuttgart 1955

Schönhaus, Cioma: *Der Passfälscher. Die unglaubliche Geschichte eines jungen Grafikers, der im Untergrund gegen die Nazis kämpfte.* Mit Zeichnungen des Autors, bearbeitet, mit einem Nachwort versehen und hrsg. von Marion Neiss, Frankfurt/Main 2004

Schulte, Wolfgang (Hrsg.): *Die Polizei im NS-Staat. Beiträge eines internationalen Symposiums an der Deutschen Hochschule der Polizei in Münster*, Frankfurt/Main 2009 (= Schriftenreihe der Deutschen Gesellschaft für Polizeigeschichte e. V., Bd. 7)

Schwoch, Rebecca (Hrsg.): *Berliner jüdische Kassenärzte und ihr Schicksal im Nationalsozialismus. Ein Gedenkbuch*, Berlin 2009

Stiftung Topographie des Terrors (Hrsg.): *Das »Hausgefängnis« der Gestapo-Zentrale in Berlin. Terror und Widerstand 1933–1945*, Berlin 2006 (2. überarbeitete und erweiterte Aufl.)

Stürickow, Regina: *Der Kommissar vom Alexanderplatz*, Berlin o. J.

Peter Suhrkamp. Zur Biographie eines Verlegers in Daten, Dokumenten und Bildern, vorgelegt von Siegfried Unseld unter Mitwirkung von Helene Ritzerfeld, Frankfurt/Main 1991

Tausendfreund, Doris: *Erzwungener Verrat. Jüdische »Greifer« im Dienst der Gestapo 1943–1945*, Berlin 2006 (= Dokumente – Texte – Materialien, veröffentlicht vom Zentrum für Antisemitismusforschung der Technischen Universität Berlin, Bd. 62)

Wagner, Patrick: *Hitlers Kriminalisten. Die deutsche Kriminalpolizei und der Nationalsozialismus*, München 2002

Günther Wasmuth zum achtzigsten Geburtstag gewidmet von seinen Freunden, Kollegen und Autoren, Tübingen 1968

Wehner, Bernd: *Die (Kriminal-)Polizei und der Nationalsozialismus*, Sonderdruck der Beitragsserie »Vom Unrechtsstaat ins Desaster die Rolle der Kriminalpolizei im Dritten Reich«, in: Kriminalistik, Heidelberg 1989, H. Mai – Dezember.

Weigelt, Andreas (Hrsg.): *»Umschulungslager existieren nicht«. Zur Geschichte des Sowjetischen Speziallagers Nr. 6 in Jamlitz*

1945–1947, Brandenburgische Landeszentrale für politische Bildung, Brandenburgische historische Hefte 16, Potsdam 2005 (Biographie Paul Reckzeh S. 187–188)

Weißler, Sabine, und Wolfgang Schäche (Hrsg.): *DatenReich im Verborgenen. Das Berlin Document Center in Berlin-Zehlendorf*, hrsg. im Auftrag des Kulturamtes Steglitz-Zehlendorf von Berlin, Marburg 2010

Widmer, Paul: *Die Schweizer Gesandtschaft in Berlin. Geschichte eines schwierigen diplomatischen Postens*, Zürich 1997

Wilhelm, Friedrich: *Die Polizei im NS-Staat. Die Geschichte ihrer Organisation im Überblick*, Paderborn 1997 (= Sammlung Schöningh zur Geschichte und Gegenwart)

Wyden, Peter: *Stella*, aus dem Englischen von Ilse Strasmann, Göttingen 1993

LEXIKA UND NACHSCHLAGEWERKE

Benz, Wolfgang, Hermann Graml und Hermann Weiß (Hrsg.): *Enzyklopädie des Nationalsozialismus*, München 2001 (4. Aufl.)

Gruner, Wolf: *Judenverfolgung in Berlin 1933–1945. Eine Chronologie der Behördenmaßnahmen in der Reichshauptstadt*, Berlin 1996 (= Stiftung Topographie des Terrors Berlin, hrsg. von Reinhard Rürup)

Jüdisches Lexikon. Ein enzyklopädisches Handbuch des jüdischen Wissens in vier Bänden, Berlin 1929

Klee, Ernst: *Das Personenlexikon zum Dritten Reich. Wer war was vor und nach 1945*, Frankfurt/Main 2003

Schmitz-Berning, Cornelia: *Vokabular des Nationalsozialismus*, Berlin 2007

Studt, Christoph: *Das Dritte Reich in Daten*, München 2002

INTERNET

Berliner Adressbücher 1799–1943. Datenbank der Zentral- und Landesbibliothek Berlin

Brauner Bretterzaun. Theo Saevecke: Vom NS-Kriegsverbrecher zum Sicherheitschef im Regierungsbunker

Bundesgesetz zur Entschädigung für Opfer der nationalsozialistischen Verfolgung (Bundesentschädigungsgesetz – BEG)

Central Database of Shoah Victims' Names. Yad Vashem The Holocaust Martyrs' and Heroes' Remembrance Authority

Chemins de mémoire. Die Demarkationslinie 1940–1944

Chronologie des Holocaust

Digital Monument to the Jewish Community in the Netherlands

Gedenkbuch des Bundesarchivs für die Opfer der nationalsozialistischen Judenverfolgung in Deutschland (1933–1945)

How to Flee the Gestapo. Searching for the Dutch-Paris Escape Lines

Mémoire juive et éducation. Liste de tous les convois de déportation partis de France

United States Holocaust Memorial Museum

Wikipedia: Ernst Gennat; Herbert Lange; Paul Reckzeh; Theo Saevecke; Deutsche Wiedergutmachungspolitik

WW II Netherlands Escape Lines

BILDNACHWEIS

Bundesarchiv Berlin 50, 77, 90, 99
Entschädigungsbehörde Berlin 41, 63, 70, 116
Landesarchiv Berlin 13, 82, 84
Privatbesitz 36
Ullstein Bilderdienst 22
Eva Züchner 140

PERSONENREGISTER